UN EXORCISTE RACONTE

DU MÊME AUTEUR

A paraître :

Nouveaux récits d' un exorciste

Gabriele AMORTH

UN EXORCISTE
RACONTE

Préface de René LAURENTIN

F.X. de GUIBERT
(O.E.I.L.)
27, rue de l'Abbé-Grégoire, 75006 Paris

PRÉFACE

Le livre où Dom Amorth, exorciste du diocèse de Rome, nous confie sa science et son expérience du démon est paru en Italie à l'automne 1990. Il eut 8 éditions durant les 12 premiers mois : c'est le plus grand succès des Éditions Dehoniane à Rome depuis la fondation; un succès très explicable, car la lumière réaliste qu'un véritable expert et praticien apporte en ce domaine méconnu, répondait à un besoin dans une situation confuse et contrastée. Aujourd'hui, en effet,

— pour beaucoup de chrétiens (y compris théologiens ou hiérarques, souligne Dom Amorth), le démon n'existe plus. Il ne serait que la personnalisation symbolique de phénomènes obscurs, psychiatriques ou parapsychologiques en voie d'élucidation scientifique;

— pour beaucoup d'autres, le démon exerce aujourd'hui une fascination croissante. Il tient l'affiche en publicité : on parle "beauté du diable", "train d'enfer", etc. Messes noires et sectes sataniques se multiplient, en Italie, en France, en Allemagne et ailleurs. Lors d'une récente émission de télévision, plusieurs personnes ont évoqué leurs pactes avec Satan, qu'ils disaient avantageux : «Ça paie!» Ils ne se rendaient pas encore compte que la facture est salée, car le démon n'a pas d'amis, il n'a que des

esclaves. Et bien des brillantes carrières de chan-
teurs de rock, "réussies" par Satan, ont fini par le
suicide.

DISCERNEMENT

Entre les théologiens qui nient l'existence du
démon et ses adeptes, où est la vérité? Ce petit livre
vient à point pour répondre à ces questions et
dissiper des ignorances et confusions parfois dra-
matiques.
Notre monde permissif admet volontiers que toute
expérience est bonne et innocente et qu'on peut s'y
engager sans risques. Nombre de chrétiens, jeunes et
vieux, font ainsi des expériences du côté de la magie,
de la sorcellerie, de l'occultisme, du spiritisme, des
religions orientales et de leurs dérivations, en
ignorant totalement les dangers qu'ils encourent et
font encourir à d'autres. Certains deviennent pri-
sonniers du démon ou même possédés, sans se rendre
compte de ce qui leur arrive, ni savoir que l'exor-
cisme pourrait les libérer.
Bien plus, des jeunes, engagés dans des vocations
généreuses, ou des saints, parvenus au sommet de la
vie spirituelle, sont parfois désarçonnés d'être soumis
(comme le furent le Curé d'Ars, sainte Bernadette,
Thérèse de Lisieux ou Mère Yvonne-Aimée de
Malestroit) à des agressions physiques et morales, qui
les mettent au bord du désespoir et les assoient à la
"table des pécheurs", comme disait Thérèse; car
Satan se déchaîne contre ceux qui menacent son
règne.
Dom Amorth situe largement la question. Il
rappelle, à grands traits, les principaux ensei-

gnements de l'Écriture et comment la vie de chaque homme et la vie du monde restent un combat spirituel : l'Apocalypse l'enseigne en termes symboliques; le Christ et l'apôtre Paul, en termes plus directs. Le démon nous guette; il connaît les points faibles. Il organise le monde pour les exploiter : le raz de marée de l'érotisme, l'apologie victorieuse de l'homosexualité, le marché insinuant de la drogue et de ses mafias en sont les exemples les plus voyants. L'expansion de l'athéisme, du matérialisme et de tant d'illusions trompeuses dans notre culture et notre publicité, faisait dire, au milieu du XXᵉ siècle : le démon s'est modernisé. Il organise son règne dans le monde comme un P.-D.G. Tout travaille pour lui. Il va pouvoir se reposer, il renonce aux diableries d'antan, et sa suprême habileté est de nous faire croire qu'il n'existe pas.

Eh bien, ce n'est plus assez dire! Il exploite aujourd'hui le succès ainsi acquis et les cas d'infestation ou possession se multiplient à tous niveaux, constate Dom Gabriel Amorth, à tel point que le désintérêt chronique d'une large partie de la hiérarchie pour le démon est aujourd'hui en voie de changement sous la pression de l'urgence.

QUI EST DOM AMORTH

Dom Amorth était bien préparé pour écrire un tel livre, par sa double compétence d'exorciste et de journaliste, au terme d'une expérience unique et de premier plan.

Né en 1925, Gabriel Amorth s'engagea, dès 1935, dans l'Action Catholique, d'abord comme chef de groupes d'aspirant, puis dirigeant de la FUCI universitaire, tout en conquérant ses grades de juriste.

A la fin de la guerre, il fit un dangereux inter-mède de lutte contre le fascisme dans les rangs des partisans catholiques : il y avait, à moins de 20 ans, le grade de capitaine. Il s'engage ensuite dans la fondation de la Démocratie chrétienne *où il fut un des hommes de confiance de De Gasperi, pour lequel il a travaillé en fil direct, avec les Andreotti, Fanfani, Colombo, Dossetti. Il était, pour sa part, vice-président national de la* Gioventù democristiana.

Docteur en droit à 22 ans, il quitte tout pour le sacerdoce. Il entre chez les Paolini, ordre fondé au milieu de notre siècle pour établir la présence de Dieu dans les médias. Provincial d'Italie en 1977-1978, il dirige ensuite une des revues de ce complexe médiatique chrétien : Madre de Dio *(Mère de Dieu), à laquelle son talent fit faire une étape. Il fut un des découvreurs de Medjugorje.*

Est-ce la Vierge, ennemie du serpent, qui l'a fait bifurquer? Il a laissé à d'autres la direction de sa revue pour aller aider Dom Candido Amantini, passionniste, exorciste du diocèse de Rome, qui ne suffisait plus à la tâche.

Ce maître, héritier d'une grande expérience issue des traditions de l'Église, l'a initié au discernement et à la pratique de l'exorcisme. La vie de Dom Amorth a basculé au service de tant et tant de gens en détresse qui restent sans recours, ou même dans l'ignorance qu'il existe des recours. En 6 ans de travail ha-rassant, il a exorcisé environ 10 000 personnes, dont 70 possédés proprement dits.

EXORCISTES ET PSYCHIATRES

Est-ce une revanche des exorcistes sur les psychiatres? Nullement. On avait déclaré indûment que ces derniers remplacent les exorcistes. La complexité du problème les invite à collaborer au contraire, et Dom Amorth, comme tout exorciste sérieux, est en relations suivies avec des médecins. Souvent son travail propre commence là où certains indices spécifiques se manifestent, mais aussi là où les techniques médicales et psychiatriques se trouvent déroutées, au niveau du diagnostic comme de la thérapeutique. De part et d'autre, le discernement est parfois difficile et conjectural. Pour le psychiatre, il se confirme par le traitement lui-même. Pour l'exor-ciste, par l'exorcisme où le démon, mis à mal, réagit ouvertement; et surtout après, par le contraste entre les conduites aberrantes du possédé, et l'état calme, paisible, normal, qu'il retrouve aussitôt une fois libéré.

LE COMBAT SPIRITUEL

La tâche de l'exorciste n'est pas facile. Elle n'est pas comprise. Elle est rude, en labeur comme en stress. La santé de Dom Amorth en souffre. Il continue, non sans risques, en s'astreignant à une disciple de vie rigoureuse et en essayant de trouver et de former de nouveaux collaborateurs.

Car la demande s'accroît, là où des exorcistes exercent des fonctions normales dans l'Église. C'est un grand bénéfice pour tant de gens, laissés à l'abandon dans ces problèmes obscurs, qui recourent aux chiromanciens, sorciers, magiciens, au double détriment de leur porte-monnaie comme de leurs tribulations.

Dom Amorth, le plus aimable des hommes, n'a pas perdu le tempérament de lutteur, qui lui avait fait prendre les armes contre Mussolini, puis s'engager dans le combat politique pour l'instauration de la démocratie en Italie :

– Vous voilà engagé dans votre plus rude combat, *lui ai-je dit.*

– Oui, mais c'est celui qui me donne le plus de satisfaction pastorale, car beaucoup de ces non-pratiquants tentés ou possédés par Satan retrouvent profondément la foi, plus souvent qu'il ne m'était arrivé dans aucun de mes ministères antérieurs.

Ce livre brise la conspiration du silence sur le combat spirituel et le rôle du démon. Ce n'est pas que Dom Amorth majore l'importance des puissances d'en bas. Le Christ est Créateur. Il est Vainqueur, enseigne-t-il dès le commencement. Le démon est marginal. Mais c'est un marginal dangereux, car la loi même de la Création est une loi d'amour, donc de liberté. Dieu ne foudroie pas démons et pécheurs par un exercice magique de sa puissance. Il a laissé aux anges déchus, très supérieurs à l'homme, leur liberté, leur intelligence, leur pouvoir.

Selon l'Écriture, Satan reste le "Prince de ce monde". Dieu ne détruit pas l'adversaire de l'extérieur, par le souffle de sa bouche; c'est la justice immanente qui opère. Hitler s'est détruit par son erreur même, et ceux qui font le pacte avec Satan finissent souvent par le suicide, parce qu'un tel pacte n'a d'autre issue que le malheur et la catastrophe.

L'explication profonde de ce combat, c'est que Dieu sauve le monde par l'amour seul, dans la liberté. Le "Prince de ce monde" a gagné apparemment sa bataille contre Dieu. Il a rapidement mis fin au ministère terrestre du Christ en tramant efficacement sa mort même, avec les complicités artistement nouées de Judas, son apôtre, des princes des prêtres et du gouverneur Pilate. Mais c'est ainsi que le Christ a donné la plus grande preuve d'amour, d'où a surgi sa victoire et sa Résurrection. Il a passé le mur du péché, comme les jets passent le mur du son, non sans violence et déflagration.

Ce combat continue. Il doit être gagné à chaque époque, en chaque lieu, dans chaque vie. C'est le plus réel et le plus grave des combats, le plus assuré du succès. Mais à chaque étape ce sera la victoire de l'amour. Les exorcistes sont là pour libérer les hommes des pièges spécifiques et souvent déroutants de ce combat spirituel.

René LAURENTIN

PRÉSENTATION

Je suis heureux de présenter ici l'ouvrage du Père Gabriele Amorth, qui m'assiste efficacement depuis plusieurs années dans mon ministère d'exorciste. C'est ensemble que nous avons vécu plusieurs des épisodes relatés ici, et c'est ensemble que nous avons partagé les soucis, les fatigues et les espoirs ressentis lorsque nous avons répondu à l'appel d'un grand nombre de personnes en proie à la souffrance.

C'est donc pour moi une immense satisfaction que de voir ces pages publiées, car il faut également dire qu'au cours des dernières décennies, alors que l'on a beaucoup écrit dans presque tous les domaines de la théologie et de la morale catholique, le thème des exorcismes a été quasiment oublié. Et c'est sans doute à cause de cette pénurie d'études et de ce manque d'intérêt qu'aujourd'hui encore, la seule partie du Rituel qui n'ait pas été mise à jour selon les dispositions post-conciliaires est celle qui concerne les exorcismes.

Pourtant, si l'on se réfère aux Évangiles, à l'œuvre des Apôtres et à l'histoire de l'Église, le ministère chargé de «chasser les démons» s'avère primordial.

Lorsque saint Pierre fut poussé par une inspiration surnaturelle à se rendre chez le centurion Corneille pour annoncer la foi chrétienne à cette première poignée de païens et pour démontrer que Dieu avait bien été avec Jésus, il souligna très particulièrement le pouvoir dont Il avait fait preuve en délivrant les possédés du démon (Cf. Actes 10,1-38). L'Évangile nous parle souvent, en des récits concrets, du pouvoir extraordinaire dont Jésus bénéficiait dans ce domaine. Si, en envoyant son Fils Unique dans le monde, le Père avait eu l'intention de mettre fin à l'influence ténébreuse de Satan sur les Hommes, quel autre moyen plus éloquent Notre Seigneur aurait-il pu employer pour le démontrer?

Les livres saints nous assurent que Satan manifeste également son emprise sur le monde sous la forme d'obsessions physiques. Parmi les pouvoirs que Jésus a voulu transmettre aux Apôtres et à leurs successeurs, celui de chasser les démons a plusieurs fois été mis en évidence (Cf. Matthieu 10,8; Marc 3,15; Luc 9,1).

Si d'une part Dieu permet que certains connaissent les vexations diaboliques, il leur offre d'autre part plusieurs moyens très puissants pour y échapper. Il a doté à cet effet l'Église de pouvoirs sacramentaires très efficaces. Mais Dieu a également choisi la Sainte Vierge comme antidote permanent à cette action néfaste de Satan, en raison de cette inimitié qu'il a sanctionnée depuis le début entre les deux adversaires. (Voir à ce propos : Candido Amantini, Il mistero di Maria, *Éditions Dehoniane, Naples – N.d.l.R.).*

La plupart des écrivains contemporains, y compris les théologiens catholiques, ne nient pas l'existence de Satan et des autres anges rebelles, mais ont tendance à diminuer l'importance de leur influence sur les choses humaines. Et lorsqu'il s'agit d'une influence dans le domaine physique, le discrédit devient alors un devoir et une preuve de sagesse. La culture contemporaine dans son ensemble estime qu'attribuer la cause des phénomènes qui se produisent autour de nous à des agents différents de ceux qui sont d'ordre naturel est une illusion digne des époques primitives.

Bien évidemment, l'œuvre du Malin est considérablement facilitée par cette prise de position, surtout lorsqu'elle est partagée par ceux qui auraient, de par leur propre ministère, le pouvoir et pour tâche de lui interdire son activité maléfique. Si on se base en revanche sur les Saintes Écritures, sur la théologie et sur l'expérience quotidienne, il faudrait penser aujourd'hui encore aux possédés du démon comme à une légion de malheureux pour lesquels la science ne peut pas grand-chose, même si elle ne l'avoue pas franchement. Diagnostiquer une démonopathie – c'est ainsi qu'on pourrait définir toute influence diabolique – n'est pas impossible, la plupart du temps, pour ceux qui savent tenir compte de l'ensemble des symptômes spécifiques par lesquels l'action démoniaque se manifeste normalement.

Un mal d'origine diabolique, même s'il n'est pas sérieux, se montre étrangement réfractaire à toute sorte de médicament courant; en revanche, certains maux gravissimes, voire mortels, s'atténuent mystérieusement jusqu'à disparaître totalement après une intervention d'ordre purement religieux. De plus, les victimes d'un esprit malin se considèrent comme les cibles d'un mauvais sort permanent : leur vie est une série de disgrâces.

De nos jours, bon nombre de chercheurs se penchent sur l'étude des phénomènes correspondant à

*ceux qui se produisent chez les sujets démono-
pathiques, dont ils reconnaissent franchement l'existence extraordinaire, et c'est pour cette raison qu'ils
les ont désignés scientifiquement sous le terme de
phénomènes paranormaux. C'est aller à l'encontre
de la réalité que nous vivons en permanence que de
se faire illusion en estimant que la science peut tout
expliquer et qu'il faut attribuer aux causes naturelles
l'origine de tout mal.*

*Rares sont les chercheurs qui admettent formelle-
ment la possibilité d'une intervention de puissances
étrangères, intelligentes et incorporelles, comme
cause de certaines manifestations. De même que
rares sont les médecins qui, face à des cas de maladies présentant des symptômes déconcertants et des
effets cliniquement inexplicables, envisagent serei-
nement la possibilité d'avoir affaire à des patients de
cet autre type. Beaucoup d'entre eux en appellent,
dans des cas pareils, à Freud, leur propre hiéro-
phante. Mais c'est souvent pour cette raison qu'ils
réduisent ces pauvres malheureux à une condition
encore plus misérable, alors que leur action, associée
à celle d'un prêtre exorciste, aurait pu s'avérer, dans
ces cas aussi, particulièrement bénéfique.*

*Le livre du Père Amorth met clairement et briè-
vement le lecteur en contact avec l'activité de
l'exorciste. Même si cet ouvrage suit un fil logique,
il ne se résume pas à des principes théoriques
(existence du démon, possibilité de la possession
physique, etc.), ni à des conclusions doctrinales. Il
préfère laisser les faits parler d'eux-mêmes en
confrontant le lecteur à ce qu'un exorciste voit et
accomplit. Je sais combien l'Auteur attache d'importance à l'œuvre des hommes d'Église, dépositaires du*

pouvoir qui leur est conféré par le Christ de chasser les démons en son nom. Je suis donc persuadé que ce livre peut faire beaucoup de bien et inciter d'autres personnes à mener des études dans ce sens.

P. Candido AMANTINI

INTRODUCTION

Lorsque le Cardinal Ugo Poletti, Vicaire du Pape dans le diocèse de Rome, me conféra, à l'improviste, le pouvoir d'exorciser, je ne songeais pas à l'immense monde qui s'ouvrirait devant moi, ni à la foule de personnes qui feraient appel à mon ministère. De plus, cette tâche m'avait été confiée, au début, pour assister le Père Candido Amantini, passionniste très connu pour son expérience d'exorciste et qui faisait accourir à la Scala Santa des malheureux provenant de toute l'Italie et parfois même de l'étranger. Ce fut pour moi une immense grâce. On ne devient pas exorciste tout seul, si ce n'est très difficilement et au prix d'erreurs inévitables au détriment des fidèles. Je crois que le Père Candido est le seul exorciste au monde qui compte 36 ans d'expérience à plein temps. Je ne pouvais avoir meilleur maître et je le remercie pour l'infinie patience avec laquelle il m'a initié.

J'ai également fait une autre découverte. En Italie, il y a très peu d'exorcistes et encore moins d'exorcistes formés. La situation dans d'autres pays est encore pire; il m'est ainsi souvent arrivé de m'occuper de personnes venues de France, d'Autriche, d'Allemagne, de Suisse, d'Espagne, d'Angleterre, où – à les en croire – elles n'avaient pas réussi à trouver un exorciste.

Incurie des évêques et des prêtres? Véritable incrédulité quant à la nécessité et à l'efficacité de ce ministère? Dans tous les cas, je me sentais poussé à accomplir mon apostolat auprès d'individus qui souffrent énormément et que personne ne comprend: ni les membres de leur famille, ni les médecins, ni les prêtres.

Aujourd'hui, la pastorale, dans ce secteur et dans le monde catholique, est complètement négligée. Ce n'était pas ainsi autrefois et je dois reconnaître que ce n'est pas le cas dans certaines confessions de la réforme protestante, où les exorcismes se font fréquemment et avec de bons résultats. Toute cathédrale devrait avoir un exorciste, tout comme elle a un pénitencier; et les exorcistes devraient être d'autant plus nombreux que les besoins sont plus grands : dans les paroisses les plus importantes, dans les sanctuaires.

Pourtant, non seulement leur nombre est faible, mais les exorcistes sont mal vus, combattus, ils ont du mal à être accueillis pour exercer leur ministère. On sait que les possédés hurlent parfois. Cela suffit pour qu'un supérieur religieux ou un curé ne veuille pas d'exorciste dans ses locaux : la quiétude, le fait d'éviter quelques protestations, l'emporte sur la charité qui consisterait à guérir les possédés. J'ai moi aussi dû gravir mon calvaire, bien qu'il ait été moins pénible que celui d'autres exorcistes, plus méritants et plus sollicités. C'est une réflexion que je soumets surtout aux évêques qui, de nos jours, n'ayant jamais exercé ce ministère, manifestent parfois peu d'intérêt à l'égard de ce problème. Or, il s'agit d'un ministère qui leur est confié exclusivement; il n'y a qu'eux qui puissent l'exercer ou bien nommer des exorcistes.

Comment est né ce livre? Du désir de mettre à la portée de tous ceux qui s'intéressent à ce sujet le fruit d'une grande expérience, davantage celle du Père Candido que la mienne. Mon intention est de me mettre au service en premier lieu des exorcistes et de tous les prêtres. En effet, de même qu'un médecin généraliste doit être capable d'indiquer à ses patients le spécialiste auquel ils doivent éventuellement s'adresser (un oto-rhino, un orthopédiste, un neurologue...), tout prêtre doit posséder un minimum de connaissances lui permettant de discerner si une personne a oui ou non besoin de faire appel à un exorciste.

J'ajouterai que plusieurs prêtres m'ont encouragé à écrire ce livre pour une autre raison. Parmi les règles concernant les exorcistes, le Rituel leur recommande d'étudier «un grand nombre de documents utiles d'auteurs confirmés». Mais quand on cherche des livres sérieux sur ce sujet, on ne trouve pas grand-chose. J'en indiquerai trois. L'ouvrage de Mgr Balducci, *Il diavolo* (Éditions Piemme, 1988) : intéressant pour la partie théorique mais non pour la pratique, qui présente des lacunes et des erreurs; l'auteur est un démonologue, et non un exorciste. Il y a ensuite le livre d'un exorciste, le Père Matteo La Grua, *La preghiera di liberazione* (Éditions Herbita, Palerme, 1985); c'est un ouvrage écrit pour les Groupes du Renouveau dans le but de guider leurs prières de libération. Le livre de Renzo Allegri, *Cronista all'inferno* (Éditions Mondadori, 1990), mérite aussi d'être mentionné; il ne s'agit pas d'une étude systématique, mais d'un recueil d'entretiens menés avec un très grand sérieux qui rendent compte de cas extrêmes, les plus impressionnants, certainement vrais, mais qui n'exposent pas les cas ordinaires auxquels un exorciste se trouve confronté.

Enfin, je me suis efforcé au fil de ces pages, de combler une lacune et de présenter le sujet en toutes ses dimensions, tout en respectant la brièveté que je m'étais imposé dès le départ afin de pouvoir toucher un plus grand nombre de lecteurs. Je me propose d'approfondir ce sujet dans des ouvrages ultérieurs, et j'espère que d'autres personnes en traiteront en faisant preuve de compétence et de sensibilité religieuse, de façon à ce que ce thème soit traité avec la richesse qu'il mérite, que nous trouvions dans les siècles passés et que l'on ne rencontre maintenant que chez les protestants.

Je précise aussi tout d'abord que je ne me contenterai pas de démontrer certaines vérités que je suppose déjà acquises et qui ont été amplement traitées dans d'autres livres : l'existence des démons, l'existence possible des possessions diaboliques, le pouvoir de chasser les démons que le Christ a donné à ceux qui croiront au message évangélique. Ce sont des vérités révélées, clairement contenues dans la Bible, approfondies par la théologie et constamment enseignées par le magistère de l'Église. J'ai préféré passer outre et m'arrêter sur ce qui est moins connu, sur les conséquences pratiques susceptibles d'être utiles aux exorcistes et à ceux qui souhaitent s'informer en la matière. On me pardonnera quelques répétitions de concepts fondamentaux.

Que la Vierge Immaculée, ennemie de Satan depuis la première annonciation du salut (Gn 3,15) jusqu'à l'accomplissement de celui-ci (Ap, chap.12) et unie au Fils dans sa lutte pour le combattre et écraser sa tête, bénisse ce travail, fruit d'une activité exténuante, que j'accomplis confiant, sous la protection de son voile maternel.

Cette nouvelle édition, plus complète, comporte quelques observations supplémentaires. Je ne m'attendais pas à ce que ce livre ait une diffusion aussi large et aussi rapide, si bien qu'il a fallu, en peu de temps, sortir de nouvelles éditions. Cela confirme à mon avis non seulement l'intérêt du public à l'égard de ce sujet mais aussi le fait qu'il n'existe pas, à l'heure actuelle, de livre présentant une étude exhaustive des exorcismes, même de façon concise, et ce non seulement en Italie mais aussi dans tous les pays catholiques. Une telle donnée est significative et difficilement acceptable car elle révèle un désintérêt inexplicable, voire une authentique incrédulité.

Je remercie tous ceux qui m'ont fait part de leurs éloges et de leur approbation, en particulier les exorcistes. J'ai été touché surtout par la réaction de mon "maître", le Père Candido Amantini, qui a jugé les propos de mon livre fidèles à son enseignement.

Les critiques qui me sont parvenues n'étaient pas de nature à m'obliger à modifier mon ouvrage. Je me suis donc contenté, dans cette nouvelle édition, d'ajouter des informations au sujet traité sans apporter de corrections au texte préexistant. Je pense également que les personnes ou les catégories visées par mes critiques auront compris la véritable intention de mes observations et ne se seront pas senties vexées.

De même que j'essaie d'aider chaque jour ceux qui ont recours à mon ministère d'exorcisme, j'ai écrit ce livre dans le but de rendre, grâce à la presse, un service sur une plus grande échelle.

P. Gabriele AMORTH

LA CENTRALITÉ DU CHRIST

Le Diable est lui aussi une créature de Dieu. On ne peut parler de lui et des exorcismes sans énoncer, au moins schématiquement, quelques notions fondamentales concernant le dessein de Dieu dans la Création. Nous ne dirons sans doute rien de nouveau, mais peut-être ouvrirons-nous à certains lecteurs de nouveaux horizons.

Nous avons trop souvent pris l'habitude de penser à la Création de manière erronée, si bien que nous considérons comme acquise une succession de faits. On pense qu'un beau jour Dieu a créé les anges et qu'il les a soumis à une épreuve (on ne sait pas très bien laquelle) qui s'est soldée par la division entre anges et démons : les anges récompensés par le paradis, les démons rejetés dans l'enfer. Puis, on croit que Dieu a créé un autre beau jour l'univers, les règnes minéral, végétal et animal, et enfin l'homme. Dans le paradis terrestre, Adam et Ève ont péché en obéissant à Satan et en désobéissant à Dieu. A ce moment-là, Dieu a pensé envoyer son Fils pour sauver l'humanité.

Ce n'est pas là l'enseignement de la Bible et des Pères. Dans une conception de ce genre, le monde angélique et la Création demeurent étrangers au mystère du Christ. Il faut par contre lire le Prologue à l'Évangile de Jean et les deux hymnes christologiques qui ouvrent les Lettres aux Éphésiens et aux Colossiens. Le Christ est la première de toutes les créatures; pour lui, en vue de lui. Les discussions théologiques où l'on se demande si le Christ serait venu sans le péché d'Adam sont dépourvues de sens. C'est lui le centre de la Création, celui qui réunit en lui toutes les créatures : les célestes (anges) et les terrestres (hommes). En revanche, il est juste d'affirmer qu'étant donné la faute d'Adam et d'Ève, la venue du Christ a joué un rôle particulier : il est venu en tant que sauveur. Le mystère pascal est au centre de son action : par le sang de sa croix, il réconcilie avec Dieu toutes choses, dans les cieux (anges) et sur la terre (hommes).

De ce point de vue christocentrique, dépend le rôle de toute créature. Nous ne devons pas négliger une réflexion concernant la Vierge Marie. Si la créature première est le Verbe incarné, dans la pensée divine ne pouvait être absente, ayant la priorité sur toute autre créature, la figure de celle en qui cette incarnation se serait produite. D'où son rapport unique avec la Sainte Trinité, au point qu'elle est appelée, dès le IIe siècle, le «Quatrième élément de la Tétrade divine». Ceux qui souhaiteraient approfondir ce concept peuvent se reporter aux deux tomes d'Emanuele Testa : *Maria, terra vergine* (Jérusalem, 1986).

Une autre réflexion s'impose quant à l'influence du Christ sur les anges et sur les démons. Sur les anges : certains théologiens pensent que les anges ont été admis à la vision béatifique de Dieu en vertu du mystère de la croix. Nombreux sont les Pères qui formulent des affirmations intéressantes.

Nous lisons par exemple dans saint Anastase que même les anges doivent leur salut au sang du Christ. En ce qui concerne les démons, les affirmations contenues dans les Évangiles sont nombreuses : le Christ, avec sa croix, a vaincu le règne de Satan et a instauré le royaume de Dieu. Les démoniaques gadaréniens s'exclament par exemple : «Qu'avons-nous à faire avec vous, Jésus, Fils de Dieu? Êtes-vous venu ici pour nous tourmenter avant le temps?» (Mt 8,29). C'est une référence claire au pouvoir de Satan progressivement brisé par le Christ; par conséquent, il dure encore et il durera jusqu'à ce que le salut s'accomplisse, «car il a été précipité, l'accusateur de nos frères» (Ap 12,10). Pour approfondir ces concepts et le rôle de Marie, ennemie de Satan depuis la première annonce du salut, nous vous renvoyons au magnifique livre du Père Candido Amantini, *Il mistero di Maria* (Éditions Dehoniane, Naples, 1971).

A la lumière de la centralité du Christ, on discerne bien le dessein de Dieu qui a créé «pour lui et en vue de lui» tout ce qui est bon. Et on voit mieux l'œuvre de Satan, l'ennemi, le tentateur, l'accusateur, dont la suggestion a provoqué le mal, la douleur, le péché, la mort. D'où la restauration du plan divin, mise en œuvre par le Christ et son propre sang.

La puissance du démon est tout aussi évidente : Jésus l'appelle «Prince de ce monde» (Jn 14,30); saint Paul le qualifie de «dieu de ce siècle» (2 Co 4,4); saint Jean affirme que «le monde entier gît au pouvoir du Mauvais» (1 Jn 5,19), en indiquant par *monde* tout ce qui s'oppose à Dieu. Satan était l'ange le plus resplendissant; il est devenu le pire des

démons et leur chef. Car les démons aussi sont liés
entre eux par une hiérarchie très stricte et conservent le rang qu'ils occupaient lorsqu'ils étaient des
anges : principautés, trônes, dominations... C'est une
hiérarchie d'esclavage et non d'amour, telle qu'elle
existe parmi les anges guidés par saint Michel.

L'œuvre du Christ est également très claire : c'est
lui qui a détruit le royaume de Satan et instauré le
royaume de Dieu. C'est pour cette raison que les
épisodes où Jésus libère les possédés revêtent une importante spécifique : lorsque Pierre évoque devant
Corneille l'œuvre du Christ, il ne cite pas d'autres
miracles, mais seulement le fait d'avoir guéri «tous
ceux qui étaient sous l'emprise du Diable» (Ac
10,38). Nous comprenons alors pourquoi le premier
pouvoir que Jésus confère aux apôtres est celui de
chasser les démons (Mt 10,1) ; et il en va de même
pour les croyants : «Et voici les miracles qui accom-
pagneront ceux qui auront cru : en mon Nom, ils
chasseront les démons...» (Mc 16,17). Ainsi Jésus
sauve et rétablit le plan divin, ruiné par la rébellion
d'une partie des anges et par le péché d'Adam et
Ève.

Une chose doit être bien claire : le mal, la douleur, la mort, l'enfer (c'est-à-dire, la damnation
éternelle dans d'infinis tourments), *ne sont pas
l'œuvre de Dieu.*

Je me permets de faire une brève digression à ce
propos. Un jour, le Père Candido était en train de
chasser un démon. Vers la fin de l'exorcisme, il
s'adressa à cet esprit immonde avec ironie : «Va-
t'en! de toute façon, le Seigneur t'a préparé une belle
maison, bien chauffée!» Et le démon a répondu :

«Tu ne sais rien. Ce n'est pas Lui [Dieu] qui a fait l'enfer. C'est nous. Lui, il n'y avait même pas pensé.» Dans une situation du même genre, alors que j'interrogeais un démon pour savoir si lui aussi avait contribué à créer l'enfer, j'obtins comme réponse : «Nous y avons tous contribué.»

La notion de centralité du Christ, dans le cadre de l'objectif de la Création et de sa restauration par la rédemption, s'avère essentielle si l'on veut comprendre les desseins de Dieu et le but de la création de l'homme. Certes, les anges et les hommes ont reçu une nature intelligente et libre. Lorsqu'on me dit (en assimilant à tort la prescience divine à la prédestination) que Dieu sait déjà qui se sauve et qui se damne, et que par conséquent tout est inutile, je réponds d'habitude en rappelant quatre vérités contenues sans aucun doute dans la Bible, au point d'avoir fait l'objet d'une définition dogmatique : Dieu veut que tout le monde soit sauvé; personne n'est prédestiné à l'enfer; Jésus est mort pour tous; tous reçoivent les grâces nécessaires au salut.

Cette centralité du Christ nous enseigne que nous ne pouvons être sauvés qu'en son nom. Et ce n'est qu'en son nom que nous pouvons vaincre l'ennemi du salut, Satan, et nous libérer .

Vers la fin des exorcismes, dans les cas les plus graves (ceux de possession diabolique totale), je récite d'habitude l'hymne christologique de la Lettre aux Philippiens (2,6-11). Lorsque j'arrive aux termes : «pour que *tout*, au nom de Jésus, s'agenouille, au plus haut des cieux, sur la terre et dans les enfers», je me mets à genoux, les personnes présentes se mettent à genoux et le possédé est lui aussi toujours obligé de s'agenouiller. C'est un moment intense et suggestif. J'ai alors l'impression que les légions angéliques sont elles aussi autour de nous, agenouillées devant le Nom de Jésus.

LE POUVOIR DE SATAN

Étant donné les objectifs que je me suis fixés, je n'approfondirai pas pour des raisons pratiques certains thèmes théologiques au demeurant fort intéressants. Ainsi, comme je l'ai déjà fait dans le chapitre précédent, je ne donnerai qu'un bref aperçu du sujet. Certes un exorciste comme le Père Candido, habitué depuis 36 ans à dialoguer avec les démons et doté d'un bagage théologique et scripturaire, est parfaitement capable de formuler des hypothèses à propos de thèmes sur lesquels la théologie jusqu'à présent a préféré ne pas se prononcer, comme par exemple le péché des anges rebelles. Et pourtant tout ce que Dieu a créé suit un dessein unitaire, chaque partie exerçant une influence, et chaque ombre jetant un voile d'obscurité sur l'ensemble. La théologie sera toujours imparfaite, incompréhensible, tant qu'elle ne se sera pas décidée à mettre en lumière tout ce qui concerne le monde angélique. Une christologie qui ignore Satan est étriquée et ne pourra jamais saisir la portée de la Rédemption.

Reprenons notre discours à partir du Christ, centre de l'univers. Tout a été fait pour Lui et en vue de Lui : dans les cieux (anges) et sur la terre (le monde tangible dominé par l'homme). Il serait donc bien plus simple de ne parler que du Christ, mais cela irait à l'encontre de ses enseignements et de son œuvre. Nous ne parviendrions alors jamais à le comprendre. L'Écriture nous parle du Royaume de Dieu, mais aussi du royaume de Satan; elle évoque la puissance de Dieu, l'unique créateur et seigneur de l'univers, mais également le pouvoir des Ténèbres, les enfants de Dieu et les enfants du Diable. On ne peut saisir l'œuvre rédemptrice du Christ sans tenir compte de l'œuvre destructrice de Satan.

Satan était la créature la plus parfaite qui soit sortie des mains du Seigneur; il était doté d'une autorité et d'une supériorité incontestable sur les autres anges et, pensait-il aussi, sur tout ce que Dieu créait et qu'il cherchait à comprendre sans y parvenir réellement. Le dessein unitaire de la Création était en effet pleinement orienté vers le Christ : il ne pouvait pas se révéler clairement avant l'apparition du Christ dans le monde. D'où la rébellion de Satan qui entendait continuer à être le premier dans l'absolu, le centre de la Création, quitte à s'opposer au plan que Dieu était en train de mettre en œuvre. D'où ses efforts pour dominer le monde («le monde entier gît au pouvoir du Mauvais», 1 Jn 5,19) et plier l'homme à sa volonté pour qu'il lui obéisse contre les ordres de Dieu, et ce depuis Adam et Ève. Il réussit avec nos ancêtres, Adam et Ève, et il comptait réussir également avec tous les autres hommes, aidé d'«un tiers des anges» qui, selon l'Apocalypse, l'a suivi dans sa rébellion contre Dieu.

Dieu ne renie jamais ses créatures. Par conséquent Satan et les anges rebelles, tout en s'éloignant de Dieu, conservent toujours leur pouvoir, leur rang (Trônes, Dominations, Principautés, Puissances...), même s'ils en font un mauvais usage. Saint Augustin n'exagère pas lorsqu'il affirme que si Dieu laissait

toute liberté à Satan, «aucun d'entre nous ne demeu-
rerait en vie». Ne pouvant pas nous tuer, il cherche
à faire de nous ses disciples, par opposition à Dieu,
comme il a agi lui-même.

Voici alors l'œuvre du Sauveur. Jésus est venu
«pour détruire les œuvres du Diable» (1 Jn 3,8),
pour libérer l'homme de la tyrannie de Satan et
instaurer le Royaume de Dieu après avoir détruit
celui de Satan. Mais entre le premier avènement du
Christ et la Parousie (le second avènement triomphal
du Christ en tant que juge), le démon tente d'attirer
de son côté le plus de personnes possible; c'est une
lutte désespérée qu'il mène en partant battu d'avance,
«sachant que ses jours sont comptés» (Ap 12,12).
C'est pour cela que Paul déclare en toute franchise
que «ce n'est pas contre des adversaires de chair et
de sang que nous avons à lutter, mais contre les
Principautés, contre les Puissances, contre les
Dominateurs de ce monde de ténèbres, contre les
Esprits mauvais qui habitent les espaces célestes»
(Eph 6,12).

Je tiens également à souligner que l'Écriture nous
parle toujours d'anges et de démons (je fais ici plus
particulièrement référence à Satan) comme d'êtres
spirituels, bien sûr, mais aussi individus, dotés d'une
intelligence, d'une volonté, d'une liberté et d'un esprit d'entreprise propres.

Certains théologiens modernes qui identifient
Satan à l'idée abstraite du mal font fausse route :
c'est une véritable hérésie, une opposition manifeste
à la Bible, à la patristique, au magistère de l'Église.
Ce sont des vérités qui n'ont jamais été mises en
doute dans le passé et n'ont donc pas reçu de défi-
nitions dogmatiques, exceptée celle du IVe Concile

du Latran : «Le Diable [c'est-à-dire Satan] et les autres démons furent créés bons par Dieu; mais ils sont devenus méchants par leur faute.» Celui qui ignore Satan nie aussi le péché et ne comprend plus l'œuvre du Christ.

Que ce soit bien clair : Jésus a vaincu Satan par son sacrifice, mais avant cela, par son enseignement : «Si c'est par le doigt de Dieu que j'expulse les démons, c'est qu'alors le Royaume de Dieu est venu à vous» (Lc 11,20). Jésus est le plus fort qui a lié Satan (Mc 3,27), l'a spolié et a mis à sac son royaume qui va vers sa fin (Mc 3,26). C'est ainsi que Jésus répond à ceux qui le mettent en garde contre l'intention d'Hérode de le tuer : «Allez et dites à ce renard : "Voici que je chasse les démons et accomplis des guérisons aujourd'hui et demain, et le troisième jour j'aurai fini"» (Lc 13,32). Jésus confère aux apôtres le pouvoir de chasser les démons, puis il attribue ce pouvoir aux soixante-douze disciples et, enfin, à tous ceux qui croiront en Lui.

Le livre des Actes nous apporte un témoignage de l'action des apôtres dans la chasse aux démons après la venue du Saint-Esprit; les chrétiens prirent ensuite la relève. Déjà les Pères de l'Église les plus anciens, comme par exemple Justin et Irénée, nous exposent avec clarté la pensée chrétienne concernant le démon et le pouvoir de le chasser, suivis en cela par les autres Pères, dont Tertullien et Origène. Il suffit de citer ces quatre Pères pour démolir les théories de bon nombre de théologiens modernes qui ne croient pratiquement pas aux démons ou qui n'en parlent pas du tout.

Vatican II a vigoureusement rappelé l'enseignement constant de l'Église. «L'histoire humaine tout entière est marquée par le terrible combat mené contre les puissances des ténèbres, un combat livré depuis les origines du monde» (GS 37). «L'homme, tenté par le Malin depuis l'aube des temps, a abusé de sa propre liberté en se dressant contre Dieu et en désirant atteindre son but sans tenir compte de Dieu. En refusant de reconnaître en Dieu sa propre origine, l'homme a violé l'ordre établi par rapport à son objectif ultime» (GS 13). «Mais Dieu a envoyé son Fils dans le monde afin de soustraire les hommes au pouvoir des ténèbres et des démons» (AG 1,3). Comment ceux qui nient l'existence et l'œuvre insatiable du démon peuvent-ils comprendre l'œuvre du Christ? Comment peuvent-ils saisir la valeur de la mort rédemptrice du Christ? En se fondant sur le texte des Écritures, Vatican II affirme : «Par sa mort, le Christ nous a libéré du pouvoir de Satan» (SC 6); «Jésus crucifié et ressuscité a vaincu Satan» (GS 2).

Vaincu par le Christ, Satan lutte contre les fidèles; le combat contre «les esprits malins continue et se poursuivra, comme le dit le Seigneur, jusqu'au dernier jour» (GS 37). En attendant, tout homme est plongé dans la lutte, la vie terrestre étant une épreuve de fidélité à Dieu. «Les fidèles doivent par conséquent résister aux tentations du démon et lui faire face dans les mauvais jours... Avant de régner aux côtés du Christ glorieux, au terme de notre unique vie terrestre (il n'y a pas d'autres épreuves), nous sommes en effet supposés comparaître tous devant le tribunal du Christ afin de rendre compte de ce que nous avons fait de bien ou de mal durant notre existence mortelle; et à la fin du monde : ceux qui ont œuvré pour le bien seront récompensés par la résurrection, et ceux qui ont œuvré pour le mal seront condamnés» (Cf. LG 48).

Même si ce combat engagé contre Satan concerne les hommes de tous les temps, le pouvoir de Satan s'est sans nul doute fait ressentir de manière plus sensible à certains moments de l'histoire, tout au moins du point de vue de la communauté et de péchés de masse. Les études que j'ai menées sur la décadence de l'Empire romain m'ont par exemple permis de mettre en évidence la déchéance morale de cette période. La Lettre de saint Paul aux Romains en constitue un témoignage fidèle et inspiré. Nous en sommes aujourd'hui réduits au même point, et cela est dû, entre autres, au mauvais usage des médias (bons en soi) ainsi qu'au matérialisme et à la société de consommation qui ont empoisonné le monde occidental. Je crois que Léon XIII, lors d'une vision dont nous reparlerons en appendice à ce chapitre, a reçu une prémonition concernant cette attaque démoniaque spécifique.

De quelle façon le démon s'oppose-t-il à Dieu et au Sauveur? En exigeant pour lui-même le culte réservé au Seigneur et en singeant les institutions chrétiennes. Il est donc anti-Christ et anti-Église. Satan se sert de l'idolâtrie du sexe, qui dégrade le corps humain et en fait l'instrument du péché, contre l'Incarnation du Verbe, qui a racheté l'homme en devenant homme lui-même. Il possède en outre, à l'image du culte divin, ses églises, son culte, ses adeptes (souvent liés par un pacte de sang), ses adorateurs, les disciples de ses promesses. Ainsi, tout comme le Christ a attribué des pouvoirs particuliers aux apôtres et à leurs successeurs, pouvoirs destinés à sauver les âmes et les corps, Satan confère des pouvoirs spécifiques à ses disciples, pouvoirs visant à perdre les âmes et ruiner les corps. Nous traiterons ces pouvoirs lorsque nous parlerons du maléfice.

Encore un mot sur un sujet qui mériterait d'être plus amplement développé : si d'une part il est faux de nier l'existence de Satan, il est d'autre part tout aussi erroné, selon l'opinion la plus commune, d'affirmer l'existence d'autres forces ou entités spirituelles, ignorées par la Bible et inventées par les spirites, les amateurs des sciences ésotériques ou occultes, les adeptes de la réincarnation ou ceux qui soutiennent l'existence des soi-disant "âmes errantes". Il n'existe pas de bons esprits en dehors des anges; et il n'y a pas de mauvais esprits en dehors des démons. Les âmes des morts vont tout de suite soit au paradis, soit en enfer ou au purgatoire, comme les Conciles de Lyon et de Florence l'ont déclaré. Les défunts qui se manifestent lors des séances spirites, ou bien les âmes des défunts qui s'emparent des êtres vivants pour les tourmenter, ne sont rien d'autre que des démons. Les exceptions, rarissimes et autorisées par Dieu, ne sont là que pour confirmer la règle. Il faut toutefois reconnaître que le dernier mot n'a pas été dit dans ce domaine; ce sujet pose encore des problèmes qui n'ont toujours pas été résolus. Le Père La Grua évoque lui-même plusieurs expériences vécues avec des âmes de trépassés en proie aux démons; il a d'ailleurs formulé plusieurs hypothèses tendant à expliquer ce phénomène. Je le répète : c'est un terrain qui reste encore à explorer en détail; et c'est ce que je me propose de faire prochainement.

Certains s'étonnent de la capacité qu'ont les démons de tenter l'homme, voire même d'en posséder le corps (jamais l'âme, à moins que l'homme ne la leur livre délibérément), par le biais de la possession ou de la vexation. Il convient de rappeler ce qui est écrit dans l'Apocalypse (12,7 et versets suivants) : «Et il y eut un combat dans le ciel: Michel et ses Anges combattaient contre le Dragon. Et le Dragon et ses Anges combattaient; mais ils purent vaincre, et leur place même ne se trouva plus dans le ciel. Et il fut précipité, le grand Dragon, l'antique Serpent, celui qui est appelé le *Diable* ou *Satan,* le séducteur de toute la terre, il fut précipité sur la terre, et ses Anges furent précipités avec lui [...] Quand le Dragon se vit précipité sur la terre, il poursuivi la Femme ["la Femme revêtue de Soleil"], qui avait enfanté l'Enfant mâle... [Il s'agit très clairement de la Très Sainte Vierge; mais les efforts du Dragon furent vains]... [...] Et il alla faire la guerre au reste de ses enfants, à ceux qui observent les commandements de Dieu et qui gardent le témoignage de Jésus».

Parmi les nombreux discours de Jean-Paul II sur Satan, voici un extrait de son discours prononcé le 24 mai 1987 lors de sa visite du sanctuaire de l'Archange saint Michel : «Cette lutte contre le Démon qui distingue l'Archange saint Michel est toujours d'actualité; car le Diable est encore vivant et œuvre dans le monde. En effet, le mal qui est en lui, le désordre de la société, l'incohérence de l'homme, la fracture interne dont il est victime ne sont pas seulement la conséquence du péché originel, mais aussi l'effet de l'action dévastatrice et obscure de Satan.»

Cette dernière phrase fait clairement référence à la condamnation de Dieu à l'égard du serpent, telle que la Genèse (3,15) nous la rapporte : «Je mettrai une inimitié entre toi et la femme, entre ta postérité et sa postérité; celle-ci te meurtrira à la tête». Le démon est-il déjà en enfer? Quand la lutte entre les anges et les démons a-t-elle eu lieu? Ce sont là des questions auxquelles on ne peut répondre sans tenir compte d'au moins deux facteurs : d'une part, le fait d'être en enfer ou non est plus une question de temps que de lieu; les anges et les démons sont des esprits purs; pour eux la notion de "lieu" a un sens différent de celui que nous lui attribuons. Le même raisonnement s'applique d'autre part au temps : cette dimension est différente pour les esprits et pour nous.

L'Apocalypse nous raconte que les démons ont été précipités sur terre; leur condamnation définitive n'a pas eu lieu, et ce même si le choix qui a conduit à distinguer les anges des démons est irréversible. Ils conservent donc un pouvoir autorisé par Dieu, «pendant un court laps de temps». Et ç'est pourquoi ils apostrophent Jésus : «Qu'avons-nous à faire avec vous, Jésus, Fils de Dieu? Êtes-vous venu ici pour nous tourmenter avant le temps?» (Mt 8,29). L'unique juge est le Christ, qui associera à lui-même son Corps Mystique. C'est ainsi qu'il faut interpréter les paroles de saint Paul : «Ne savez-vous pas que nous jugerons les anges?» (1 Co 6,3). C'est en raison de ce pouvoir que les possédés de Gadaré, s'adressant au Christ, «le priaient de ne pas leur commander d'aller dans l'abîme... mais de leur permettre d'entrer dans les porcs» (Lc 8, 31-32).

Lorsqu'un démon quitte une personne et est précipité en enfer, cela équivaut pour lui à une mort définitive. C'est pour cela qu'il s'y oppose de toutes ses forces. Il devra cependant payer pour toutes les souffrances qu'il inflige et verra ainsi sa peine

éternelle s'accroître. Saint Pierre affirme très clairement que le jugement final concernant les démons
n'a pas encore été prononcé, lorsqu'il dit : «Dieu n'a
pas épargné les anges qui avaient péché, mais les a
précipités dans l'enfer et livrés aux abîmes des
ténèbres, où il les garde pour le Jugement» (2 P 2,4).
De même, les anges verront leur gloire s'accroître
pour le bien qu'ils nous ont fait; c'est pourquoi il
s'avère fort utile de les invoquer.

Quels ennuis le démon est-il susceptible de causer
aux hommes, de leur vivant? Il n'est pas facile de
trouver des ouvrages traitant d'un tel sujet car il
n'existe pas, entre autres, de langage commun, una-
nimement accepté. Je vais donc m'efforcer de préciser le sens des termes que j'emploierai ici et dans les
autres chapitres de mon livre.

Il y a une action ordinaire du démon qui touche
tous les hommes et consiste à les attirer vers le mal.
Jésus lui-même a accepté notre condition humaine en
se laissant tenter par Satan. Je ne parlerai pas de
cette action néfaste du Diable car, bien qu'elle soit
considérable, je préfère décrire l'action extraordinaire de Satan, à savoir celle que Dieu lui consent
uniquement dans des cas précis.

Cette action peut revêtir cinq formes différentes.

1. *Les souffrances physiques externes* provoquées
par Satan. Ce sont des phénomènes auxquels de
nombreux saints ont été confrontés au cours de leur
vie. Nous savons comment saint Paul de la Croix, le
Curé d'Ars, Padre Pio et tant d'autres furent
frappés, flagellés ou battus par des démons. Je ne
m'attarderai pas sur ce type d'action car, dans ces
cas, les victimes n'étant pas soumises à une influence
interne du démon ne nécessitèrent pas le recours à

des exorcismes. Ce sont, tout au plus, des personnes conscientes de la situation qui intervinrent par la prière. Je préfère décrire les quatre autres formes d'action directement liées aux exorcistes.

2. *La possession diabolique.* C'est la forme de tourment la plus grave qui surgit lorsque le démon s'empare non pas d'une âme mais d'un corps et le fait agir ou parler à sa guise, la victime ne pouvant lui résister et n'étant donc pas moralement responsable. Cette forme d'action entraîne plus que les autres des phénomènes spectaculaires semblables à ceux mis en scène dans le film *"L'exorciste"* ou correspondant aux manifestations les plus marquantes figurant dans le Rituel, telles que le fait de parler des langues nouvelles, de faire preuve d'une force extraordinaire ou de révéler des choses cachées. L'Évangile nous en fournit un bon exemple avec le possédé de Gadaré. Il faut bien comprendre cependant qu'il existe toute une panoplie de possessions diaboliques présentant des différences notables sur le plan de leur gravité et de leurs symptômes. Il ne faut surtout pas se fixer sur un modèle unique. Parmi tous mes patients, j'ai exorcisé, un jour, deux personnes totalement possédées : pendant la séance d'exorcisme elles restaient parfaitement immobiles, sans dire un mot. Je pourrais citer plusieurs exemples de possession caractérisés par des phénomènes très différents.

3. *La vexation diabolique* désigne toutes sortes de troubles ou de maladies plus ou moins graves mais qui se transforment en possession et entraînent une perte de conscience, l'accomplissement d'actes ou la prononciation de mots dont la victime n'est pas res-

ponsable. La Bible nous en fournit quelques exemples. Job n'était pas victime d'une possession diabolique mais ses enfants, ses biens et sa santé furent durement touchés. De même, la femme voûtée et le sourd-muet n'étaient pas entièrement possédés du Diable mais la présence d'un démon était à la source de leurs troubles physiques. Saint Paul n'était certainement pas possédé; il était néanmoins victime d'une vexation diabolique d'ordre maléfique : «Et de crainte que l'excellence même de ces révélations ne vînt à m'enfler d'orgueil, il m'a été mis une écharde en ma chair [il s'agissait évidemment d'un mal physique], un ange de Satan pour me souffleter...» (2 Co 12,7); l'origine de ce mal était donc maléfique.

Les possessions sont encore aujourd'hui assez rares; toutefois, les exorcistes rencontrent un grand nombre de personnes dont la santé, les biens, le travail, la vie affective, etc., sont frappés par le démon... Il faut bien comprendre que le fait de diagnostiquer l'origine maléfique de ces maux (c'est-à-dire de savoir s'il s'agit d'une cause maléfique ou non) et de la guérir n'est nullement plus simple que celui de déterminer et de guérir de véritables possessions; le niveau de gravité n'est peut-être pas le même mais l'interprétation du phénomène est tout aussi difficile et le temps nécessaire à la guérison tout aussi long.

4. *L'obsession diabolique.* Il s'agit d'attaques brutales, parfois continuelles, de pensées obsessionnelles pouvant aller jusqu'à l'absurde, dont la victime n'est pas en mesure de se débarrasser. Cette dernière vit donc dans un état de prostration et de désespoir permanent qui peut la conduire au suicide. Les obsessions influent presque toujours sur les

rêves. On me dira qu'il s'agit d'états morbides relevant de la psychiatrie. Tous les autres phénomènes peuvent également s'expliquer par la psychiatrie, la parapsychologie et d'autres sciences similaires; il existe néanmoins des cas qui échappent totalement à ces sciences et qui présentent au contraire les symptômes d'une cause ou d'une présence maléfique certaine. Seul un travail théorique et pratique permet d'apprendre à faire la différence.

5. Venons-en enfin aux *infestations diaboliques* des maisons, des objets et des animaux. Je ne m'étendrai pas sur ce sujet auquel je ferai allusion tout au long de mon livre. En ce qui concerne le sens du terme infestation, je dirai simplement qu'à mon avis cette notion ne s'applique pas à des individus pour lesquels je préfère utiliser les mots: possession, vexation et obsession.

Comment pouvons-nous nous défendre contre tous ces maux?

Disons tout de suite que selon le Rituel, les exorcismes ne s'imposent qu'en cas de possession diabolique véritable; or les exorcistes s'occupent en réalité de tous les cas d'influence diabolique pour lesquels les moyens de grâce ordinaires suffiraient, à savoir la prière, les sacrements, la charité, la vie chrétienne, le pardon des offenses, le recours constant au Seigneur, à la Vierge Marie, aux saints et aux anges. Et c'est sur ce dernier point que je désire m'arrêter.

Nous conclurons volontiers ce chapitre sur le démon, adversaire du Christ, en parlant des anges : ce sont nos principaux alliés ; nous leur devons beaucoup et c'est une erreur que d'en parler si peu.

Chacun de nous a son ange gardien, ami fidèle 24 heures sur 24, depuis la conception jusqu'à la mort. Il nous protège sans cesse dans notre âme et notre corps; et nous, la plupart du temps, nous n'y pensons même pas. Nous savons que les nations aussi ont leurs anges attitrés, comme c'est sans doute le cas pour chaque communauté et, peut-être, pour la famille, même si rien n'est sûr à ce sujet.

Ce dont nous sommes certains en revanche, c'est que les anges sont très nombreux et désireux de nous faire du bien, un bien supérieur au mal que les démons s'efforcent de nous infliger et par lequel ils tentent de nous ruiner.

L'Écriture nous parle souvent des anges et des innombrables missions que le Seigneur leur confie. Nous connaissons le nom du prince des anges, saint Michel : il existe au sein des anges une hiérarchie basée sur l'amour et régie par la volonté de Dieu. Nous connaissons également le nom de deux Archanges : Gabriel et Raphaël. Un apocryphe ajoute un quatrième nom : Uriel. Et ce sont encore les Écritures qui nous enseignent la répartition des anges en neuf chœurs : Dominations, Puissances, Trônes, Principautés, Vertus, Anges, Archanges, Chérubins, Séraphins.

Le croyant, convaincu qu'il vit en présence de la Sainte Trinité et qu'il l'a en lui, sait qu'il est constamment assisté par une Mère qui est la Mère de Dieu; il sait qu'il peut toujours compter sur l'appui des anges et des saints : comment pourrait-il alors se sentir seul, ou abandonné ou opprimé par le mal? Dans la vie du croyant il y aura toujours place pour la douleur, car c'est la voie de la Croix qui nous sauve, mais il n'y aura jamais place pour la tristesse.

Il est toujours prêt à témoigner à quiconque l'interroge de l'espoir qui le soutient (Cf. 1 P 3,15).

Il va de soi cependant que le croyant doit lui aussi être fidèle à Dieu et craindre le péché. C'est sur ce remède que repose notre force, au point que saint Jean n'hésite pas à dire : «Nous savons que quiconque est né de Dieu ne pèche point, mais celui qui est né de Dieu se garde lui-même et le Malin ne le touche pas» (1 Jn 5,18). Si notre faiblesse nous fait parfois tomber, nous devons nous relever immédiatement grâce à ce formidable moyen que la miséricorde divine nous a accordé : le repentir et la confession.

La vision diabolique de Léon XIII

Beaucoup d'entre nous se souviennent qu'avant la réforme liturgique du Concile Vatican II, les célébrants et les fidèles se mettaient à genoux à la fin de chaque messe pour réciter une prière à la Vierge et une autre à l'Archange saint Michel.

Nous citons ici le texte de cette dernière car il s'agit d'une belle prière, que chacun peut réciter dans son propre intérêt :

«Saint Michel Archange, défendez-nous dans le combat. Soyez notre secours contre la méchanceté et les embûches du démon. Que Dieu lui retire tout pouvoir de nous nuire, nous vous en supplions! O Prince très saint de la milice céleste, repoussez en enfer, par la puissance divine, Satan et ses légions d'esprits mauvais qui rôdent dans le monde en vue de perdre les âmes!»

Comment est née cette prière? Dans un article publié en 1955 dans la revue *Ephemerides Liturgicæ*, le Père Domenico Pechenino écrit :

«Je ne me souviens pas exactement de l'année. Un matin, le grand Pontife Léon XIII célébra la sainte Messe puis assista, comme d'habitude, à une autre cérémonie de remerciement. Tout à coup, on le vit redresser la tête et fixer intensément quelque chose au-dessus de l'officiant. Il regardait fixement, sans battre des cils, comme envahi d'un sentiment de terreur et d'émerveillement, et les traits de son visage changèrent de couleur. Quelque chose d'étrange, de grand, se produisait en lui.

Finalement, comme s'il reprenait ses esprits, il se redressa en s'appuyant sur sa main d'un mouvement léger mais énergique. On le vit se diriger vers son bureau privé. Ses proches, anxieux, le suivirent et lui demandèrent à voix basse : "Saint-Père, vous ne vous sentez pas bien? Avez-vous besoin de quelque chose?" Il répondit : "Non, de rien."

Une demi-heure après, il appela le Secrétaire de la Congrégation des rites et, en lui tendant une feuille, lui ordonna de l'imprimer et de la transmettre à tous les Ordinaires du monde. Que contenait-elle? La prière que nous récitons à la fin de la messe avec les fidèles et qui contient la supplication de la Sainte Vierge, l'invocation ardente du prince des milices célestes, et l'imploration de Dieu pour qu'il repousse Satan en enfer.»

Cet écrit préconisait également de réciter ces prières à genoux. Ces quelques lignes, qui furent également publiées dans le journal *La settimana del clero*, le 30 mars 1947, ne mentionnent pas les sources du message. On notera toutefois la manière insolite par laquelle il fut ordonné de réciter cette prière envoyée aux Ordinaires en 1886.

Pour confirmer ce que le Père Pechenino rapporte, nous disposons du témoignage irréfutable du Cardinal Nasalli Rocca qui, dans sa Lettre Pastorale pour le Carême, diffusée à Bologne en 1946, écrit :

«Léon XIII a lui-même rédigé cette prière. La phrase "Satan et ses légions d'esprits mauvais qui rôdent dans le monde en vue de perdre les âmes" trouve une explication historique que son secrétaire particulier, Mgr Rinaldo Angeli, nous a plusieurs fois racontée. Léon XIII eut vraiment la vision d'esprits infernaux qui se rassemblaient autour de la ville éternelle (Rome); et c'est de cette expérience qu'est née la prière qu'il a voulu faire réciter à toute l'Église. Cette prière, il la récitait d'une voix vibrante et puissante : nous l'avons si souvent entendue dans la basilique du Vatican.

«Et ce n'est pas tout : il a également écrit de ses propres mains un exorcisme spécial figurant dans le Rituel romain (éditions 1954, tit. XII, c. III, page 863 et suiv.). Il recommandait aux évêques et aux prêtres de réciter souvent ces exorcismes dans les diocèses et les paroisses. Il le faisait lui-même à longueur de journée.»

Il est aussi intéressant de tenir compte d'un autre événement qui renforça la valeur de ces prières lues au terme de chaque messe. Pie XI avait voulu qu'en récitant ces prières, une pensée particulière fût accordée à la Russie (allocution du 30 juin 1930). Dans cette allocution, après avoir rappelé les prières pour la Russie qu'il avait sollicitées auprès de tous les fidèles lors de la fête du Patriarche saint Joseph (19 mars 1930), et rappelé la persécution religieuse sévissant en Russie, il conclut par ces mots :

«Et pour que tous puissent sans fatigue et sans peine poursuivre cette sainte croisade, nous décidons que les prières que notre bien-aimé prédécesseur Léon XIII a ordonné aux prêtres et aux fidèles de réciter après la messe soient dites dans cette intention spécifique, à savoir pour la Russie. Que les évêques et le clergé séculaire et régulier prennent soin d'informer les fidèles et ceux qui assistent au Saint Sacrifice, et qu'ils ne manquent pas de leur rappeler ces prières» (*Civiltà Cattolica,* 1930, vol. III).

Comme on peut le constater, la présence effrayante de Satan a été très clairement prise en considération par le Pontife; l'intention que Pie XI avait ajoutée, touchait le fondement même des fausses doctrines diffusées pendant notre siècle, qui empoisonnent encore la vie non seulement des peuples mais aussi des théologiens.

Si la disposition prise par Pie XI n'a pas été respectée, la faute incombe à ceux à qui elle avait été confiée; elle s'inscrivait parfaitement au sein des avertissements charismatiques que le Seigneur avait adressés à l'humanité par le biais des apparitions de Fatima, tout en demeurant indépendante de celles-ci: Fatima était alors inconnu du monde.

Les dons de Satan

Satan aussi donne des pouvoirs à ceux qui lui sont dévoués. Parfois, en bon menteur qu'il est, les destinataires de ces pouvoirs ne comprennent pas immédiatement leur provenance ou ne veulent pas la comprendre, trop heureux de recevoir ces dons gratuits. Il peut ainsi arriver qu'une personne ait le don de clairvoyance; d'autres n'ont qu'à se mettre devant une feuille de papier blanc, un stylo à la main, pour rédiger spontanément des pages et des pages de messages.

D'autres encore ont l'impression de se dédoubler et de pénétrer avec une partie de leur être dans des maisons et des endroits même lointains; il arrive très souvent que certains entendent "une voix" suggérant parfois des prières, et parfois tout autre chose.

Je pourrais fort bien continuer cette liste. Quelle est la source de ces dons particuliers? S'agit-il de charismes de l'Esprit-Saint? De cadeaux d'origine diabolique? Ou bien plus simplement de phénomènes métapsychiques? La vérité ne peut être établie qu'à la suite d'une étude effectuée par des personnes compétentes. Lorsque saint Paul se trouvait à Thyatire, il lui arriva d'être poursuivi par une esclave qui avait le don de deviner et qui, par ce pouvoir, procurait beaucoup d'argent à ses maîtres. Mais c'était un don d'origine diabolique, qui disparut dès que saint Paul eut chassé l'esprit malin (cf. Ac 16,16-18).

Voici à titre d'exemple quelques extraits d'un témoignage signé "Erasme de Bari" et publié dans le *Rinnovamento dello Spirito Santo,* en septembre

1987. Les observations figurant entre parenthèses sont les nôtres :

«J'ai fait, il y a plusieurs années, l'expérience du jeu du verre, sans savoir qu'il s'agissait d'une forme de spiritisme. Les messages reprenaient un langage de paix et de fraternité [notez comme le démon sait se dissimuler sous une apparence bienfaisante]. Quelque temps après, j'ai reçu des pouvoirs étranges, alors que je me trouvais en mission à Lourdes [ce détail est également digne d'intérêt : il n'existe pas de lieu, aussi sacré soit-il, où les démons ne puissent s'introduire].

«J'avais ces pouvoirs que la parapsychologie définit comme extrasensoriels, c'est-à-dire : clairvoyance, lecture de la pensée, diagnostic clinique, lecture de l'âme, de l'esprit des personnes soit vivantes soit mortes, ainsi que d'autres pouvoirs. Quelques mois plus tard, une autre capacité vint s'ajouter : celle de supprimer la douleur physique par l'imposition des mains en soulageant ou en éliminant l'état de souffrance. S'agissait-il de ce qu'on appelle la pranothérapie?

«Grâce à tous ces pouvoirs, je pouvais facilement communiquer avec tout le monde; mais après ces rencontres, les gens étaient choqués par ce que je disais et demeuraient profondément troublés parce que je les condamnais pour les péchés qu'ils avaient commis et que je pouvais voir au plus profond de leur cœur.

Cependant, en lisant la Parole de Dieu, je me rendis compte que ma vie n'avait nullement changé. Je continuais d'être irascible, susceptible, lent à pardonner. J'avais peur de porter ma croix, peur de l'inconnu que représente le futur et la mort.

«Après de longues pérégrinations et de multiples tourments, Jésus m'adressa au Renouveau. Je rencontrai là quelques frères qui prièrent sur moi, et je compris ainsi que ce qui m'arrivait était non pas d'origine divine, mais démoniaque. J'ai reconnu et confessé mes péchés du passé, je me suis repenti, j'ai renoncé à toute pratique occulte. Ces pouvoirs ont disparu et Dieu m'a pardonné, ce pour quoi je le remercie.»

N'oublions pas que la Bible nous fournit des exemples de faits extraordinaires identiques accomplis par Dieu et par le démon.

Certains prodiges que Moïse réalise sur ordre de Dieu, devant le Pharaon, sont également exécutés par les magiciens de la cour. Voilà pourquoi, lorsqu'il s'agit de phénomènes de ce genre, il ne suffit pas de prendre en considération le fait en soi : il faut le replacer dans son contexte pour essayer d'en déterminer la cause.

J'ajoute qu'il arrive que les personnes frappées par des troubles maléfiques jouissent d'une "sensibilité" particulière : elles comprennent tout de suite si un individu a des défauts, elles prédisent l'avenir, elles ont une tendance très nette à vouloir imposer les mains à des individus psychiquement fragiles. Elles ont parfois aussi l'impression de pouvoir influer sur l'existence de leur prochain, en souhaitant du mal et en faisant preuve d'une méchanceté qui leur est propre.

J'ai constaté qu'il faut s'opposer et surmonter ces penchants pour pouvoir aboutir à une guérison.

LES EXORCISMES

«Ceux qui auront cru : en mon Nom ils chasseront les démons...» (Mc 16,17) : ce pouvoir que Jésus a octroyé à tous les croyants conserve toute sa valeur. C'est un pouvoir général fondé sur la foi et la prière. Il peut être exercé par des individus et des communautés. Il est toujours possible et ne requiert aucune autorisation. Nous tenons cependant à faire une précision terminologique : il s'agit bien dans ce cas, de prières de délivrance, et non d'exorcismes.

Afin de renforcer l'efficacité de ce pouvoir conféré par le Christ, et de protéger les fidèles contre les charlatans et les magiciens, l'Église a institué un sacramental, l'exorcisme, qui ne peut être accompli que par les évêques ou les prêtres ayant reçu des évêques une licence spécifique (par conséquent, jamais par des laïcs). C'est ce que le Droit Canon prescrit (can. 1172) en nous rappelant également que le sacramental repose sur la force des prières formulées par l'Église, contrairement aux prières privées (can. 1166), et doit respecter scrupuleusement les rites et les formules approuvés par l'Église (can. 1167).

L'appellation d'exorciste ne s'applique donc qu'aux prêtres autorisés et aux évêques exorcistes (s'il y en avait!). On assiste actuellement à une "inflation" dans ce domaine et l'on parle d'exorcistes à tort et à travers. Bon nombre de gens, qu'ils soient prêtres ou laïcs, se disent exorcistes alors qu'il n'en est rien. Et nombreux sont ceux qui prétendent exorciser tout en faisant des prières de délivrance, voire de la magie... L'exorcisme est uniquement le sacramental institué par l'Église. Toute autre dénomination est, à mon avis, trop équivoque et déroutante : par exemple, le fait de parler d'exorcisme solennel et d'exorcisme simple pour distinguer le véritable exorcisme des autres formes de prière. J'estime qu'il est injuste de qualifier d'exorcisme privé ou courant une prière qui n'est absolument pas un exorcisme, à savoir le sacramental spécifique, mais simplement une prière de délivrance, le seul terme qu'il convient d'ailleurs d'employer dans ce cas.

L'exorciste doit se conformer aux prières du Rituel. L'exorcisme présente cependant une différence par rapport aux autres sacramentaux : il peut durer quelques minutes ou plusieurs heures. Il n'est par conséquent pas nécessaire de réciter toutes les prières du Rituel, et on peut en rajouter beaucoup d'autres, comme le Rituel lui-même le suggère.

L'exorcisme vise un double objectif. Il se propose de libérer les possédés; cet aspect est mis en évidence dans tous les livres consacrés à ce sujet. Mais il a avant tout pour but de diagnostiquer le mal, un but très souvent ignoré. Il est vrai qu'avant de passer à l'acte, l'exorciste interroge la personne souffrante ou ses parents pour déterminer si les conditions suggérant de pratiquer un exorcisme sont réunies. Mais il est également vrai que seul l'exorcisme permet de savoir avec exactitude s'il existe ou non une influence diabolique. Tous les phénomènes qui se produisent, aussi étranges ou inexplicables soient-ils, peuvent en effet avoir une explication naturelle. Même l'association des phénomènes psychiatriques et parapsychologiques ne suffit pas pour établir un diagnostic. Ce n'est qu'à travers l'exorcisme qu'on peut être certain de se trouver face à une intervention diabolique ou non.

Il est nécessaire à ce stade d'approfondir un peu plus un sujet qui n'est malheureusement même pas mentionné dans le Rituel et qui est méconnu par tous ceux qui ont écrit sur la question.

Comme nous l'avons affirmé, l'exorcisme a surtout un effet diagnostique, c'est-à-dire qu'il permet de vérifier si les troubles d'un individu ont une origine maléfique ou bien s'il existe une présence maléfique chez la personne. Chronologiquement c'est le premier but à atteindre, mais le principal objectif de l'exorcisme consiste à délivrer la victime d'une présence maléfique ou de troubles maléfiques. Il est essentiel cependant de prendre en considération la succession logique des opérations (le diagnostic d'abord et le traitement ensuite) afin d'évaluer correctement les signes sur lesquels l'exorciste doit se fonder. Nous pouvons affirmer que les signes avant, pendant et après l'exorcisme ainsi que l'évolution des signes au cours des différents exorcismes sont tous très importants.

Il nous semble que, même s'il le fait indirectement, le Rituel accorde une certaine importance à cette succession à partir du moment où la règle n° 3 prévient l'exorciste qu'il n'est pas facile de déceler une présence démoniaque; d'autres règles informent par ailleurs l'exorciste des différentes ruses employées par le démon pour cacher sa présence.

Nous, les exorcistes, nous pensons qu'il est juste et important de veiller à ne pas nous laisser prendre au piège par des malades mentaux, des maniaques et par tous ceux qui, en somme, ne sont victimes d'aucune présence démoniaque et qui n'ont aucun besoin d'exorcismes.

Mais il faut également signaler le danger inverse qui est aujourd'hui beaucoup plus fréquent et par conséquent plus menaçant : le danger de ne pas savoir reconnaître une présence maléfique et donc de ne pas faire appel à l'exorcisme lorsqu'il s'impose. Je suis tombé d'accord avec tous les autres exorcistes que j'ai consultés pour affirmer que jamais le recours à un exorcisme dans des cas où il n'était pas indispensable n'a été nuisible (nous procédons tous, la première fois et dans les cas incertains, au moyen d'exorcismes assez brefs prononcés à voix basse, et susceptibles de se confondre avec de simples bénédictions).

Nous n'avons jamais eu l'occasion de regretter d'avoir fait appel à l'exorcisme. Nous nous sommes par contre sentis coupables dans les cas où nous avons omis l'exorcisme, faute de discerner une présence démoniaque qui s'est manifestée ultérieurement, par des signes évidents, alors qu'elle était déjà beaucoup plus ancrée.

J'insiste donc sur l'importance et la valeur de ces signes : il n'est pas nécessaire qu'ils soient nombreux et certains pour que l'on procède à un exorcisme. Si au cours d'une séance, de nouveaux signes se manifestent, il faut prolonger le temps nécessaire, le premier exorcisme devant néanmoins rester assez bref. Il se peut que, même si aucun signe n'apparaît durant l'exorcisme, le patient indique à l'exorciste qu'il en a ressenti des effets notables (généralement bénéfiques), ce qui incite l'exorciste à poursuivre son travail; si ces effets persistent, il est certain que des signes se manifesteront tôt ou tard, y compris pendant l'exorcisme. Il est utile d'observer comment les signes évoluent durant les différentes séances d'exorcisme. Une baisse progressive de ces signes correspond à un début de guérison alors qu'une manifestation croissante de ces derniers, revêtant des formes totalement imprévisibles, signifie que le mal sous-jacent est en train de surgir et qu'il ne régressera pas tant qu'il n'aura pas totalement émergé.

On comprend donc maintenant combien il est stupide de penser qu'un exorcisme ne peut se faire qu'en présence de signes de possession évidents; il est aussi tout à fait injustifié de croire que ces signes se manifestent avant l'exorcisme alors qu'ils n'apparaissent, le plus souvent, que pendant ou à la fin d'un exorcisme, voire après toute une série d'exorcismes.

J'ai eu des cas où des années d'exorcisme furent nécessaires pour que le mal se révèle dans toute sa gravité. Il est inutile de vouloir classer les différents cas selon des modèles standard. Quiconque a une grande expérience dans ce domaine sait certainement que les manifestations démoniaques revêtent des formes très différentes. Le fait que les trois signes définis par le Rituel comme les symptômes de la possession, à savoir : parler des langues inconnues, posséder une force surhumaine et connaître des choses cachées, se soient toujours manifestés pendant et jamais avant les exorcismes pratiqués par moi-même ou les exorcistes que j'ai consultés, est révélateur. Il aurait été complètement stupide d'attendre

que ces signes se manifestent pour procéder aux
exorcismes.

Ajoutons qu'il n'est pas toujours possible d'établir
un diagnostic sûr. Il y a des cas qui nous laissent
perplexes, des cas excessivement difficiles à résoudre
où l'on se trouve confronté à des individus présentant à la fois des troubles psychiques et des
influences maléfiques. Il s'avère alors fort utile d'associer l'action de l'exorciste à celle du psychiatre. Le
Père Candido fit appel à plusieurs reprises au
Professeur Mariani, médecin-chef responsable d'une
clinique romaine réputée pour malades mentaux, afin
qu'il assiste à ses exorcismes. D'autre fois, ce fut le
Professeur Mariani qui invita le Père Candido à la
clinique susmentionnée, pour examiner et, éventuellement, participer à la guérison de certains
patients.

Le fait que des théologiens modernes croient
annoncer une grande nouvelle en affirmant avec
prétention que certaines maladies peuvent se confondre avec la possession diabolique, me fait sourire.
Certains psychiatres ou parapsychologues sont dans
le même cas : ils pensent avoir découvert l'Amérique
avec de telles affirmations. S'ils étaient un peu plus
instruits, ils sauraient que ce sont les autorités
ecclésiastiques qui, les premières, ont mis en garde
les théologiens contre une telle erreur.

Dans les décrets du synode de Reims de 1853,
l'Église avait déjà attiré l'attention du monde ecclésiastique sur ce malentendu en affirmant que
certaines manifestations, considérées comme des
signes de possession diabolique, pouvaient n'être en
fait que des symptômes de maladies mentales.

A cette époque cependant, la psychiatrie n'était pas encore née et les théologiens croyaient à l'Évangile.

En plus du diagnostic, l'exorcisme se fixe pour objectif de soigner et de libérer les patients. C'est là le début d'un parcours souvent difficile et long. Il est indispensable que le sujet collabore. Or, bien souvent, il en est empêché. Il doit beaucoup prier mais n'y parvient pas; il doit communier souvent des sacrements mais c'est au-dessus de ses forces; rien que pour se rendre auprès de l'exorciste et recevoir le sacramental, il doit parfois franchir des obstacles insurmontables. Il a grand besoin d'être aidé mais personne, la plupart du temps, n'est capable de le comprendre.

Combien de temps faut-il pour libérer une personne sous l'emprise du démon? Nul ne peut répondre à cette question. C'est le Seigneur qui libère, qui agit avec sa divine liberté, même s'il tient certainement compte des prières, surtout de celles qui lui sont adressées par l'entremise de l'Église. D'une manière générale, on peut dire que le temps nécessaire à la libération dépend de la force initiale de la possession diabolique et de la durée séparant celle-ci de l'exorcisme.

J'eus le cas d'une jeune fille de 14 ans, souffrante depuis quelques jours, qui paraissait enragée : elle donnait des coups de pieds, mordait, griffait. Un quart d'heure d'exorcisme suffit pour la libérer complètement; dans un premier temps, elle s'écroula au sol, inanimée, si bien que je me souvins de ce passage de l'Évangile où Jésus libère ce jeune homme que les Apôtres n'avaient pas réussi à délivrer. Mais au bout de quelques minutes, la jeune fille avait repris ses esprits, et courait dans la cour en jouant avec son petit frère.

Les cas de ce genre sont cependant rarissimes, ou bien ils se produisent lorsque l'intervention maléfique est très légère. La plupart du temps, l'exorciste se trouve confronté à des situations pénibles. Car personne ne pense jamais à l'exorciste.

Voici un cas typique : un enfant a un comportement étrange; ses parents ne se posent pas de questions et n'y attachent aucune importance, pensant qu'avec l'âge tout rentrera dans l'ordre. Il faut bien dire qu'au début, les symptômes sont très légers. Puis, lorsque les phénomènes deviennent plus graves, les parents s'adressent aux médecins : ils en essaient un, puis un autre, mais toujours sans résultat. Il m'est arrivé de recevoir une jeune fille de 17 ans qui avait déjà fait le tour des plus grandes cliniques d'Europe. Finalement, sur le conseil d'un ami ou d'un "sage" quelconque soupçonnant qu'il ne s'agissait pas d'un mal d'origine naturelle, on lui suggéra de faire appel à un magicien. A partir de ce moment-là, le mal initial fut multiplié par dix. Ce n'est que par hasard, sur un conseil donné par on ne sait qui (ce n'est presque jamais le fait d'un prêtre...), qu'elle eut recours à l'exorciste. Mais entre-temps, plusieurs années s'étaient écoulées et le mal était devenu de plus en plus "enraciné". C'est à juste titre que le premier exorcisme parle de "déraciner et mettre en fuite" le démon. Il faut alors pratiquer un grand nombre d'exorcismes, souvent étalés sur plusieurs années et qui ne se soldent pas toujours par la libération.

Je le répète néanmoins : le temps est entre les mains de Dieu. La foi de l'exorciste et de l'exorcisé jouent un rôle très important; de même, les prières de l'intéressé, de sa famille, d'autres personnes (religieuses cloîtrées, communautés paroissiales, groupes de prière, notamment ceux qui font des prières de délivrance) s'avèrent fort utiles, tout comme l'emploi des sacramentaux prévus à cet effet, dûment employés dans le but indiqué par les prières de bénédiction : eau exorcisée ou tout au moins bénite, huile exorcisée, sel exorcisé. Pour exorciser l'eau, l'huile et le sel, l'intervention d'un exorciste n'est pas indispensable : n'importe quel prêtre peut le faire. Mais cette personne doit y croire et savoir que ces bénédictions spécifiques existent dans le Rituel. Les prêtres qui sont au courant de ces choses-là se comptent sur les doigts de la main; la plupart ne les connaissent pas et se moquent des demandes en la matière. Nous reviendrons plus tard sur ces points.

La fréquentation des sacrements et une conduite de vie conforme à l'Évangile revêtent une importance capitale. On peut constater la puissance du Rosaire et, en général, du recours à la Sainte Vierge; l'intercession des anges et des saints est très puissante; les pèlerinages aux sanctuaires qui sont souvent les lieux que Dieu a choisis pour la libération découlant de l'exorcisme, s'avèrent eux aussi fort utiles. Dieu nous a offert de multiples instruments de grâce; c'est à nous d'en faire bon usage. Lorsque l'Évangile évoque la tentation du Christ par Satan, il nous précise que Jésus réplique toujours au démon en reprenant une phrase de la Bible. La Parole de Dieu est d'une grande efficacité; tout comme la prière de louanges, qu'elle soit spontanée ou qu'elle s'inspire, entre autres, de la Bible : les psaumes et les cantiques de louanges à Dieu.

Malgré cela l'efficacité de l'exorcisme suppose toujours une grande humilité de la part de l'exorciste, car elle lui démontre qu'il n'est rien sans l'ordre de Dieu. De plus, à la fin, l'exorciste et l'exorcisé sont soumis à de rudes épreuves de découragement; les résultats tangibles sont souvent lents et épuisants. On enregistre en revanche de grands bienfaits spirituels qui aident un peu à comprendre pourquoi le Seigneur autorise ces épreuves si douloureuses. On progresse dans l'obscurité de la foi, tout en sachant que l'on se dirige vers la lumière véritable.

Rappelons l'importance protectrice des images saintes, sur la personne et sur les lieux d'habitation : à l'entrée de la maison, dans les chambres, dans la salle à manger ou bien la pièce où la famille a l'habitude de se réunir. L'image sainte suggère non pas l'idée païenne d'un porte-bonheur, mais le concept d'imitation du personnage représenté et la protection invoquée. Il m'arrive souvent d'entrer dans des maisons qui portent au-dessus de leur porte d'entrée un superbe talisman et, en parcourant les différentes chambres, de ne voir que très peu d'images saintes. C'est une grave erreur. Souvenons-nous de l'exemple de saint Bernard de Sienne qui, chaque fois qu'il se rendait chez les gens, persuadait les familles d'accrocher sur leur porte un médaillon portant le sigle du nom de Jésus (JHS, c'est-à-dire : *Jesus Hominum Salvator,* Jésus Sauveur des Hommes).

J'ai constaté à maintes reprises l'efficacité des médailles que l'on porte sur soi. Nous pourrions parler indéfiniment de la Médaille miraculeuse diffusée à plusieurs millions d'exemplaires dans le monde après que la Vierge eut apparu à sainte Catherine Labouré (à Paris en 1830), ainsi que des grâces prodigieuses recueillies par cette simple médaille. Plusieurs livres traitent ces sujets en détail.

L'un des épisodes de possession diabolique les plus connus, relaté par plusieurs ouvrages en raison de la documentation historique exacte qui nous a transmis ces faits, est celui concernant les deux frères Burner, de Illfurt (Alsace), qui furent libérés grâce à une série d'exorcismes en 1869. Un jour, parmi les nombreuses catastrophes orchestrées par le démon, le fiacre transportant l'exorciste accompagné d'un monseigneur et d'une religieuse, faillit se renverser. Mais le démon ne réussit pas à mettre son projet en œuvre car, au moment du départ, le cocher avait reçu une médaille de saint Benoît à titre de protection, et l'avait glissée dans sa poche avec une grande' dévotion.

LES VICTIMES DU MALIN

On me demande souvent si les victimes du Malin sont nombreuses. Je pense que l'on peut encore citer à ce propos l'avis du jésuite français Tonquédec, exorciste célèbre : «Il y a un très grand nombre de malheureux qui, tout en ne présentant aucun signe de possession diabolique, ont recours au ministère de l'exorciste pour être délivrés de leurs souffrances : maladies rebelles, ennuis de toutes sortes... Les possédés sont excessivement rares, mais ces malheureux sont légion.»

Cette remarque est toujours valable si l'on considère la grande différence qui sépare les véritables possédés de ceux qui souhaitent connaître l'opinion de l'exorciste quant à l'accumulation de leurs ennuis. Mais il faut aujourd'hui tenir compte de beaucoup d'autres facteurs qui n'existaient pas à l'époque où le Père Tonquédec fit cette observation. Et mon expérience directe me pousse à affirmer que ces nouveaux facteurs sont à l'origine de l'augmentation considérable des victimes du Malin.

Prenons tout d'abord la société de consommation occidentale où l'approche matérialiste et hédoniste de la vie a fait perdre la foi à la plupart des gens. Je pense que le communisme et le socialisme ont une large part de responsabilité, surtout en Italie, avec les doctrines marxistes qui ont dominé, ces dernières

années, la culture, l'éducation et le monde du spec-
tacle. A Rome, par exemple, on estime que 8% des
habitants seulement vont à la messe le dimanche.
C'est mathématique : quand la religion recule, la
superstition progresse.

D'où le succès remporté, avant tout chez les
jeunes, par le spiritisme, la magie et l'occultisme.
Sans oublier le yoga, le zen et la méditation trans-
cendantale : toutes ces pratiques sont fondées sur la
réincarnation, sur la dissolution de l'être humain
dans la divinité, ou du moins sur des doctrines inac-
ceptables pour un chrétien. Plus besoin désormais de
se rendre en Inde pour suivre l'enseignement d'un
gourou : on en trouve à tous les coins de rue; ces
méthodes apparemment inoffensives engendrent bien
souvent des états d'hallucination ou de schizophrénie.
Ajoutons à cela la prolifération inouïe des sectes dont
beaucoup affichent clairement leur obédience satanique.

La magie et le spiritisme sont enseignés par
l'intermédiaire de plusieurs chaînes de télévision.
On trouve même des livres spécialisés dans les
kiosques, et le matériel indispensable à la pratique de
la magie est vendu par correspondance. Sans parler
des journaux et des spectacles d'horreur où un fond
de perfidie satanique vient souvent s'ajouter au sexe
et à la violence, et de certaines musiques de masse
qui envahissent le public jusqu'à l'obsession. Je fais
ici plus particulièrement référence au rock satanique
auquel Piero Mantero a consacré son ouvrage intitulé
Satana e lo stratagemma della coda (Éditions Segno,
Udine, 1988). Invité à prendre la parole dans plusieurs lycées, il a pu toucher du doigt la formidable
incidence que ces véhicules de Satan avaient chez les

jeunes; il est incroyable de voir à quel point diverses formes de spiritisme et de magie se sont répandues au sein des lycées et des collèges. Le mal s'est généralisé, même dans les plus petites villes.

Il m'est impossible de passer sous silence le fait que beaucoup trop d'hommes d'Église se désintéressent totalement de ces problèmes et abandonnent les fidèles sans la moindre protection. On a d'après moi commis une erreur en éliminant quasiment tous les exorcismes du rite du baptême (et il semble que Paul VI était lui aussi de cet avis), et en supprimant, sans la remplacer, la prière adressée à l'Archange saint Michel que l'on récitait à la fin de chaque messe.

Les évêques ont surtout commis la faute impardonnable de laisser s'éteindre toute la pastorale relative à l'exorcisme : chaque diocèse devrait posséder au moins un exorciste cathédral; il devrait y en avoir un dans les églises les plus fréquentées et dans les sanctuaires. L'exorciste est aujourd'hui considéré comme un être rare, presque introuvable, alors que son activité a une valeur pastorale indispensable en tant que soutien de la pastorale de celui qui prêche, confesse et administre les autres sacrements.

La hiérarchie catholique doit faire son *mea culpa*. Je connais beaucoup d'évêques italiens, mais aucun qui ait fait ou assisté à des exorcismes et qui soit réellement conscient du problème. Je n'hésiterai pas à répéter ce que j'ai déjà déclaré à d'autres occasions : quand un évêque, après une série de demandes (et non à la demande d'un déséquilibré), ne procède pas personnellement à l'exorcisme ou bien ne délègue pas un prêtre à cette fin, il commet un péché d'omission mortel. De nos jours l'exorcisme *ne fait plus école* : autrefois l'exorciste confirmé instruisait l'apprenti exorciste. Mais je reviendrai sur ce point.

Ce sujet a recouvré tout son intérêt grâce au cinéma. Le 2 février 1975, Radio Vatican interviewa William Friedkin, metteur en scène du film *L'exorciste,* et le théologien jésuite Thomas Bemingan, conseiller technique sur le tournage. Le metteur en scène affirma avoir voulu raconter une histoire en s'inspirant d'un roman dont la trame reposait sur un fait réel survenu en 1949, mais préféra ne pas se prononcer sur la question de savoir s'il s'agissait ou non d'une véritable possession diabolique, en se contentant de dire que ce problème devait être résolu par les théologiens, pas par lui.

Lorsqu'on demanda au Père jésuite si cette œuvre était un simple film d'horreur ou bien quelque chose d'autre, ce dernier opta sans hésitation pour la seconde hypothèse. En se fondant sur l'énorme impact que le film avait eu sur le public du monde entier, il affirma qu'à part certains détails spectaculaires, le film traitait le problème du mal avec beaucoup de sérieux. Il a par ailleurs ravivé l'intérêt accordé aux exorcismes jusqu'alors oubliés.

Comment peut-on tomber dans les pièges extraordinaires tendus par le démon, en dehors des pièges ordinaires, à savoir des tentations qui touchent tout le monde? On peut y tomber consciemment ou inconsciemment, cela dépend des cas. Il existe néanmoins quatre raisons essentielles : parce que Dieu le permet; parce qu'on est victime d'un maléfice; parce qu'on se trouve dans un état de péché grave et endurci; parce qu'on fréquente des lieux ou des personnes maléfiques.

1. *Parce que Dieu le permet.* Soyons bien clairs : rien n'arrive sans la permission de Dieu. D'autre part, Dieu ne veut jamais le mal, mais l'autorise quand nous le voulons nous-mêmes (puisqu'Il nous a créés libres), et sait extraire le bien y compris du mal. Dans ce premier cas, il n'y a aucune faute humaine, mais seulement une intervention diabolique. Tout comme Il permet habituellement l'action ordinaire de Satan (les tentations), en nous donnant tous les moyens d'y résister et d'en retirer un avantage si nous nous montrons forts, Dieu peut aussi permettre quelquefois l'action extraordinaire de Satan (possession ou troubles maléfiques) afin d'exercer l'homme à l'humilité, à la patience et à la mortification.

Nous pouvons donc rappeler deux cas déjà évoqués : lorsqu'une action extérieure du démon provoque des souffrances physiques (telles que les coups et les flagellations subis par le Curé d'Ars ou Padre Pio); quand une véritable infestation est autorisée, comme nous l'avons dit à propos de Job et de saint Paul.

La vie de nombreux saints renferme des exemples de ce type. Parmi ceux de notre époque, j'en citerai deux, béatifiés par Jean-Paul II : le Père Calabria et Soeur Marie de Jésus-Crucifié (la première Arabe béatifiée). Bien qu'aucune action humaine ne soit à déplorer (faute commise par les personnes concernées ou maléfices jetés par d'autres), ces deux bienheureux traversèrent des périodes de possession diabolique en bonne et due forme au cours desquelles

ils dirent et firent des choses contraires à leur santé,
sans en être le moins du monde responsables car
c'était le démon qui agissait en se servant de leurs
membres.

2. *Parce qu'on est victime d'un maléfice.* Dans ce
cas également, la victime n'a pas commis de faute,
mais il y a une participation humaine, une responsabilité humaine de la part de celui qui fait ou qui
commande le maléfice à un magicien. Nous en
parlerons plus en détail dans un chapitre ultérieur.
Je me contenterai de dire pour l'instant que *le
maléfice consiste à nuire à autrui par l'intervention
du démon.* Cela peut revêtir différentes formes :
ligature, mauvais œil, malédiction... Mais précisons
tout de suite que le moyen le plus utilisé est le sort,
et que ce dernier est responsable de la plupart des cas
de possession et autres troubles maléfiques. Je ne
sais vraiment pas comment les ecclésiastiques qui
prétendent ne pas croire aux sorts peuvent se
justifier; et je m'explique encore moins quel secours
ils sont en mesure d'apporter aux fidèles qui
souffrent de ces maux.

Certains s'étonnent que Dieu permette de telles
choses. Dieu nous a créés libres et ne renie jamais
ses créatures, pas même les plus perverses; à la fin,
Il fait ses comptes et donne à chacun ce qu'il mérite,
car chaque homme sera jugé selon ses œuvres. En
attendant nous pouvons faire un bon usage de notre
liberté et être récompensés, ou bien un mauvais
usage et être punis. Nous pouvons aider les autres
ou bien leur nuire par d'innombrables formes
d'abus, la plus grave étant de payer une personne
pour qu'elle en tue une autre; Dieu n'est pas tenu de

l'empêcher. Je peux ainsi payer un magicien ou un sorcier pour qu'il jette un maléfice sur un individu; dans ce cas également, Dieu n'est pas tenu de l'empêcher, même s'Il le fait en réalité très souvent. Celui qui vit, par exemple, dans la grâce de Dieu et prie avec ferveur, s'avère beaucoup plus protégé que celui qui n'est pas pratiquant ou, pire encore, qui vit habituellement dans le péché.

Ajoutons enfin que, comme nous aurons l'occasion de le répéter par la suite, le domaine des sorts et autres maléfices constitue le paradis des escrocs. Le mensonge est la règle en la matière, et la vérité, l'exception. Terrain de prédilection des escrocs, ce secteur attire aussi énormément les esprits faibles qui trouvent ainsi l'occasion de donner libre cours à leurs marottes. Il est donc important que l'exorciste, mais également toutes les personnes de bon sens, se tiennent sur leurs gardes.

3. Nous abordons à présent deux causes malheureusement de plus en plus courantes à notre époque et qui suscitent une augmentation du nombre des victimes du démon. *La première cause*, ou cause fondamentale, reste *toujours le manque de foi*. Plus la foi fait défaut, plus la superstition progresse : c'est un phénomène pour ainsi dire mathématique. Mais venons-en maintenant à *la deuxième cause, à savoir un état de péché grave et endurci*. Je crois que l'Évangile nous en propose un exemple significatif avec le personnage de Judas. C'était un voleur. Qui sait combien d'efforts Jésus a pu déployer pour le corriger et le ramener dans le droit chemin, n'obtenant que des refus et voyant Judas s'entêter dans son vice jusqu'à ce que celui-ci atteigne son

comble : «Que voulez-vous me donner, et je vous le livrerai? Et ils lui comptèrent trente pièces d'argent» (Mt 26,15) ?

Et l'on peut lire cette phrase terrible, durant la cène : «Satan entra en lui» (Jn 13,27). Il s'agissait sans aucun doute possible d'une véritable possession diabolique.

En l'état actuel d'éclatement des familles, j'ai vu des cas où les personnes touchées menaient une existence matrimoniale dissolue, sans parler d'autres fautes; j'ai reçu des femmes qui avaient, entre autres, commis plusieurs fois le crime d'avorter; j'ai traité des personnes qui, outre des perversions sexuelles aberrantes, se rendaient coupables d'actes de violence; et je me suis aussi occupé de plusieurs cas d'homosexuels qui se droguaient et tombaient dans d'autres pièges liés à la drogue. Il me semble inutile de préciser qu'à chaque fois, la guérison commence par une conversion sincère.

4. *Parce qu'on fréquente des lieux ou des personnes maléfiques.* Cette expression englobe le fait de participer activement ou non à des séances de spiritisme, de pratiquer la magie, l'occultisme, de prendre part à des cultes ou des sectes sataniques (dont les messes noires constituent le point culminant), de fréquenter des magiciens, des sorciers, certains cartomanciens... En agissant de la sorte, on court le risque de commettre un maléfice. D'autant plus si l'on désire établir un lien avec Satan en se consacrant par exemple au culte de Satan, en signant un pacte de sang avec Satan, en fréquentant des écoles sataniques ou bien en se faisant nommer prêtre de Satan... Ce sont des pratiques dont on a

malheureusement noté l'explosion, surtout ces quinze dernières années.

En ce qui concerne le recours aux magiciens et à leurs semblables, voici un exemple excessivement courant. Quelqu'un souffre d'un mal rebelle à tout traitement, ou bien voit tout ce qu'il entreprend aller de travers; il pense avoir quelque chose de maléfique qui le bloque.

Il se rend chez un cartomancien ou un magicien qui lui dit : «On vous a jeté un sort.» Jusqu'ici, les frais sont limités et le dommage nul.

Mais il entend souvent son interlocuteur poursuivre en ces termes : «Si vous voulez que je vous l'enlève, cela vous coûtera 5 000 francs», voire plus, la somme exigée pouvant atteindre 200 000 francs si j'en crois les nombreux cas dont je me suis occupé. Quand la proposition est acceptée, le magicien ou le cartomancien demande à son client de lui remettre quelque chose de personnel ; une photo, un vêtement intime, une mèche de cheveux ou bien un poil, un fragment d'ongle...

A ce moment-là, le mal est fait. Que fait le magicien avec les objets requis? C'est très clair : il fait de la magie noire.

Je tiens à préciser une chose. Beaucoup de gens viennent nous voir parce qu'ils savent que certaines bonnes femmes "sont toujours à l'église", ou parce qu'ils voient le bureau des magiciens tapissé de crucifix, de Saintes Vierges, d'images pieuses et de portraits de Padre Pio. On leur assure par ailleurs : «Moi, je ne fais que de la magie blanche; quand on me demande de faire de la magie noire, je refuse.» Dans l'usage courant, la magie blanche consiste à rompre les charmes, et la magie noire, à les jeter.

Mais en réalité, comme le Père Candido ne cesse de le répéter, il n'y a pas de magie blanche ou noire, mais uniquement de la magie noire. Car toute forme de magie fait appel au démon. De sorte que si le malheureux souffrait auparavant d'un petit trouble maléfique (mais il est plus probable qu'il n'ait jamais rien eu de tel), il retourne chez lui affligé d'un véritable maléfice. Nous, les exorcistes, devons souvent fournir beaucoup plus d'efforts pour anéantir l'œuvre néfaste des magiciens que pour soigner le trouble initial.

J'ajouterai qu'aujourd'hui comme hier, la possession diabolique est très fréquemment confondue avec une maladie psychique. J'ai beaucoup d'estime pour ces psychiatres qui, conscients des limites de leur science, admettent honnêtement qu'un de leurs patients présente des symptômes qui ne relèvent pas des maladies scientifiquement reconnues.

Le Docteur Simone Morabito, psychiatre à Bergame, a affirmé détenir les preuves que bon nombre de soi-disant malades psychiques étaient en réalité des possédés, et est parvenu à les guérir avec l'aide de plusieurs exorcistes (voir *Gente* 1990, n° 5, pp. 106 à 112).

Je connais d'autres cas analogues, mais je désire m'arrêter plus particulièrement sur l'un d'entre eux.

Le 24 avril 1988, Jean-Paul II béatifia le Père Francesco Palau, un carme espagnol. Ce personnage s'avère très intéressant pour nous car il consacra les dernières années de son existence aux possédés. Il avait acheté un hospice où il accueillait des malades mentaux. Il les exorcisait tous : ceux qui étaient possédés guérissaient; ceux qui étaient malades restaient malades. Le clergé fit à maintes reprises obstacle à son entreprise, naturellement. Il se rendit par conséquent deux fois à Rome : en 1866, pour parler de tout cela avec Pie IX, et en 1870, pour obtenir du Concile Vatican I qu'il rétablisse l'exorcistat au sein de l'Église en tant que ministère permanent. Nous savons de quelle manière ce Concile fut interrompu; mais la question du rétablissement de ce service pastoral est toujours aussi urgente.

Il est indubitablement très difficile de distinguer un possédé d'un malade psychique. Mais un exorciste confirmé est plus apte à saisir cette différence qu'un psychiatre, car il tient compte des diverses possibilités et sait réunir les éléments permettant de faire cette distinction; le psychiatre ne croit pas la plupart du temps à la possession diabolique, si bien qu'il n'envisage même pas cette éventualité. Il y a bien des années, le Père Candido exorcisa un jeune homme qui, selon le psychiatre qui l'avait soigné, souffrait d'épilepsie. Ce médecin accepta de venir assister à un exorcisme.

Lorsque le Père Candido posa sa main sur la tête de l'adolescent, celui-ci tomba par terre, en proie à des convulsions. «Vous voyez, mon Père : il s'agit de toute évidence d'un cas d'épilepsie», se hâta de déclarer le médecin. Le Père Candido se pencha et remit sa main sur la tête du jeune garçon qui se leva brusquement et resta debout, tout raide et immobile. «Est-ce que les épileptiques font cela?» demanda le Père Candido. «Non, jamais», lui répondit le psychiatre qu'un tel comportement avait manifestement rendu perplexe.

Inutile de dire que les exorcismes se poursuivirent jusqu'à la guérison de cet adolescent soumis durant des années à des médicaments et à des soins qui n'avaient fait qu'aggraver son état. Et c'est justement là le point délicat : dans les cas difficiles, le diagnostic requiert un examen interdisciplinaire, comme nous le verrons par la suite. Car ce sont toujours les malades qui pâtissent des erreurs et qui se retrouvent souvent, au terme de traitements médicaux inappropriés, dans un piteux état.

J'apprécie énormément les savants qui, même s'ils ne sont pas croyants, reconnaissent les limites de leur science. Le Docteur Emilio Servadio, psychiatre, psychanalyste et parapsychologue de renommée internationale, fit de très intéressantes déclarations sur Radio Vatican le 2 février 1975 :

«La science doit s'arrêter face à ce que ses instruments ne peuvent ni vérifier ni expliquer. On ne peut pas définir exactement ces limites, car il ne s'agit pas de phénomènes physiques. Mais je crois que chaque savant digne de ce nom sait que ses instruments ne vont pas au-delà d'un certain point. En ce qui concerne la possession démoniaque, je ne peux parler qu'en mon nom propre, et non au nom de la science. Il me semble que dans certains cas, le caractère nuisible et destructeur des phénomènes atteint un tel niveau que l'on ne peut alors vraiment plus confondre ces phénomènes avec ceux que le spécialiste, comme par exemple le parapsychologue ou le psychiatre, enregistre dans les cas du type *Poltergeist* ou autre.

«Pour prendre un exemple, cela reviendrait à comparer un petit garçon taquin à un criminel sadique. Il y a une différence qui n'est pas quantifiable, mais que l'on peut nettement percevoir. Je crois qu'un homme de science doit alors admettre la présence de forces qui échappent au contrôle de la science et que la science en tant que telle n'est pas censée définir.»

ANNEXE 2

La peur du Diable?
Réponse de sainte Thérèse d'Avila

Contre les peurs injustifiées du démon, voici un extrait de la Vie *de sainte Thérèse d'Avila (chapitre 25,19-22). C'est un passage rassurant, sauf si l'on a soi-même ouvert la porte au démon...*

«Si le Seigneur est aussi puissant, comme je le sais et comme je le vois; si les démons ne sont que ses esclaves, et cela, ma foi ne me permet pas d'en douter, quel mal peuvent-ils bien me faire si je suis la servante de ce Seigneur et Roi? Ou plutôt : pourquoi ne me sentirais-je pas suffisamment forte pour affronter l'enfer tout entier? Je prenais une croix dans mes mains et il me semblait que Dieu me donnait le courage nécessaire. En très peu de temps, je me vis tellement transformée que je n'aurais pas craint de descendre dans l'arène pour lutter contre eux tous, et je leur criais : "Approchez, maintenant que je suis la servante du Seigneur, je veux voir ce que vous êtes capables de me faire!"

«Et ils semblèrent vraiment me redouter car ils me laissèrent tranquille. Dès lors, ces soucis ne me préoccupèrent plus et je n'eus plus peur des démons, au point que quand ils m'apparaissaient, comme je l'expliquerai plus loin, non seulement je n'avais plus peur d'eux, mais j'avais vraiment l'impression de les terrifier. Le souverain Maître de chaque chose m'accorda sur eux un tel empire qu'aujourd'hui, je ne les crains pas plus que les mouches. Ils sont tellement lâches que lorsqu'on les méprise, ils perdent courage. Ils n'attaquent de face que ceux qui se rendent facilement, ou bien quand le Seigneur le permet afin que leurs luttes et leurs persécutions tournent à l'avantage de ses serviteurs.

«Plaise à Sa Majesté que nous ne redoutions que ce qu'il convient de redouter, en nous persuadant qu'un seul péché véniel peut engendrer plus de mal que l'enfer tout entier, ce qui est la pure vérité.

«Savez-vous quand les démons nous effraient? Quand nous nous soucions vivement des honneurs, des plaisirs et des richesses de ce monde. En aimant et en recherchant ce que nous devrions abhorrer, nous plaçons dans leurs mains les armes avec lesquelles nous pourrions nous défendre, et nous les poussons à nous combattre pour notre plus grande perte. Cette idée-là me peine car il suffirait de s'accrocher fermement à la croix et de mépriser chaque chose par amour de Dieu pour que Satan nous fuie comme la peste. Ami du mensonge et mensonge lui-même, le Malin ne s'entend jamais avec celui qui suit le chemin de la vérité. Mais dès qu'il voit un esprit obscurci, il fait de son mieux pour l'aveugler complètement; lorsqu'il s'aperçoit qu'une personne est aveugle au point de se satisfaire des choses de ce monde, aussi futiles et vaines que des jeux d'enfants, il est convaincu d'avoir affaire à un enfant, la traite comme tel et s'amuse à l'attaquer maintes et maintes fois.

«Plaise à Dieu que je ne sois pas comme cela mais que, soutenue par la grâce, je trouve le repos dans le repos, l'honneur dans l'honneur et le plaisir dans le plaisir, et non pas le contraire. Je pourrai alors montrer les cornes à tous les démons qui fuiront, épouvantés. Je ne comprends pas la peur de ceux qui crient : "Satan! Satan!" alors qu'ils pourraient crier : "Dieu! Dieu!" et remplir ainsi l'enfer de frayeur. Ne savons-nous pas que les démons ne peuvent agir sans l'accord de Dieu? Que ces terreurs sont donc vaines? En ce qui me concerne, les individus effrayés par le diable me font davantage peur que le diable lui-même, car ce dernier ne peut rien me faire alors les premiers, surtout s'il s'agit de confesseurs, remplissent l'âme d'inquiétude. J'ai passé à cause d'eux de nombreuses années de tourments que je m'émerveille encore d'avoir réussi à endurer. Que le Seigneur qui m'a apporté son aide précieuse soit béni!»

LE POINT DE DÉPART

Un évêque me téléphona un jour pour me demander d'exorciser quelqu'un.

Ma première réponse fut de lui suggérer de nommer lui-même un exorciste. Il me répliqua alors qu'il ne parvenait pas à trouver de prêtre qui accepte cette charge. Ce problème est malheureusement général. Très souvent les prêtres ne croient pas en ces choses; mais si leur évêque leur propose d'accomplir des exorcismes, ils ont l'impression d'avoir mille diables à leurs trousses et ils refusent.

J'ai écrit plusieurs fois que l'on irritait davantage le démon en confessant, à savoir en arrachant les âmes au démon lui-même, qu'en exorcisant, c'est-à-dire en lui soustrayant les corps. Et l'on accroît encore plus sa colère en prêchant, car la foi naît de la parole de Dieu. C'est la raison pour laquelle un prêtre ayant le courage de prêcher et de confesser ne devrait jamais avoir la moindre peur d'exorciser.

Léon Bloy a eu des paroles cinglantes à l'égard des prêtres qui refusent d'accomplir des exorcismes. Les voici, tirées du livre *Il diavolo,* de Balducci (Éditions Piemme, page 233) : «Les prêtres n'utilisent presque jamais leur pouvoir d'exorcistes car ils manquent de foi et ont peur, en somme, de se brouiller avec le Diable.» Rien de plus vrai; beaucoup craignent des représailles et oublient que le Malin nous fait déjà

tout le mal que le Seigneur lui permet de nous faire :
pas question de signer le moindre pacte de non-
agression avec lui! Et l'auteur poursuit en ces termes : «Si les prêtres ont perdu la foi au point de ne
plus croire en leur pouvoir d'exorcistes et de ne plus
en faire usage, c'est un horrible malheur, une pré-
varication atroce qui aboutit à l'abandon irréparable
des demandes hystériques dont regorgent les hôpi-
taux à nos pires ennemis.» Des paroles dures, mais
sincères. C'est une trahison directe du commande-
ment du Christ.

Mais revenons au coup de téléphone de cet évêque.
Je lui déclarai franchement que s'il ne trouvait pas de
prêtre, il devait se charger lui-même de cette mission. Ce à quoi il répondit ingénument : «Moi? Je ne
saurais pas par où commencer.» Je lui rétorquai
alors, en reprenant la phrase que me dit le Père
Candido à mes débuts : «*Commence par lire les
instructions du Rituel et récite les prières prescrites
sur le requérant.*»

Tel est le point de départ. Le Rituel des exorcismes débute par l'énumération de 21 règles que
l'exorciste est tenu d'observer. Peu importe que ces
règles aient été établies en 1614; ce sont des directives pleines de sagesse, qui pourront être complétées
ultérieurement mais qui n'ont rien perdu de leur
valeur à l'heure actuelle. Après avoir mis en garde
l'exorciste pour qu'il ne croie pas trop facilement à
la présence du Malin chez celui ou celle qui se
présente devant lui, il fournit une série de règles
pratiques permettant de déterminer s'il s'agit d'un
véritable cas de possession et définissant le comportement que l'exorciste doit adopter.

Le trouble de l'évêque («je ne saurais pas par où commencer») s'avère néanmoins justifié. On ne s'improvise pas exorciste. Confier cette charge à un prêtre revient en quelque sorte à mettre entre les mains d'une personne un traité de chirurgie et à lui demander ensuite d'opérer. Tant de choses, trop de choses, ne figurent pas dans les livres et s'acquièrent uniquement par la pratique. C'est pourquoi j'ai eu l'idée de relater par écrit mes propres expériences, guidé par le formidable savoir du Père Candido, tout en sachant parfaitement que cela ne suffirait pas : un gouffre sépare le fait de lire de celui de voir. Mais j'écris cependant ici des choses que l'on ne trouve dans aucun autre ouvrage.

Le point de départ est en réalité tout autre. Lorsqu'une personne se présente, ou bien est présentée par ses proches ou des amis, pour être exorcisée, on commence par l'interroger afin de savoir s'il existe ou non des raisons valables de pratiquer l'exorcisme, raisons indispensables à l'établissement d'un diagnostic. *On commence donc par étudier les symptômes décrits par cette personne ou sa famille, ainsi que leurs causes éventuelles.*

On commence par les maux physiques. Les deux points les plus fréquemment touchés en cas d'influences maléfiques sont la tête et l'estomac. Outre les maux de tête aigus et réfractaires aux calmants, on assiste parfois, en particulier chez les jeunes, à un rejet brusque des études : des enfants intelligents, n'ayant jamais rencontré le moindre problème à l'école, ne parviennent subitement plus à étudier et leur mémoire est réduite à néant. Le Rituel mentionne, comme signes suspects, les manifestations les plus surprenantes : parler couramment des langues inconnues ou bien comprendre ces dernières lorsque d'autres personnes les parlent; connaître des choses lointaines et secrètes; faire preuve d'une force musculaire surhumaine. Comme je l'ai déjà dit, je n'ai été confronté à ce type de phénomènes que lors de mes bénédictions (c'est le nom que je donne toujours aux exorcismes), jamais avant. Il est souvent question de comportements étranges ou violents. L'un des symptômes caractéristiques est l'aversion du sacré : des gens qui arrêtent de prier, alors qu'ils en avaient l'habitude; qui ne mettent plus les pieds à l'église et éprouvent un sentiment de colère; qui blasphèment et tiennent des propos violents à l'égard des images saintes. Ce à quoi viennent s'ajouter la plupart du temps des comportements asociaux et une certaine fureur à l'égard de leurs proches ou des milieux qu'ils fréquentent. Sans parler d'autres types d'excentricités.

Inutile de préciser que quand quelqu'un se retrouve devant un exorciste, il a déjà subi tous les examens et reçu tous les soins médicaux possibles. Les exceptions sont excessivement rares.

L'exorciste n'a par conséquent aucun mal à se faire transmettre l'avis du médecin, la liste des traitements effectués et les résultats obtenus.

L'autre point souvent touché est le col de l'estomac, juste au-dessous du sternum. Cette région aussi peut être le siège de douleurs lancinantes et rebelles à tout traitement; on a la certitude d'avoir affaire à un phénomène d'origine maléfique lorsque le mal se déplace, affectant tantôt l'estomac ou les intestins, tantôt les reins, tantôt les ovaires, etc., sans que les médecins n'en comprennent la cause et n'obtiennent le moindre effet par l'administration de médicaments.

Nous avons affirmé que l'inefficacité des médicaments, à l'inverse des bénédictions, constituait l'un des critères de reconnaissance d'une possession diabolique. J'ai exorcisé Marco, victime d'une forte possession. Il avait été longuement hospitalisé et massacré par des traitements psychiatriques, et notamment par des électrochocs qui ne provoquèrent jamais chez lui la moindre réaction. Une cure de sommeil d'une semaine lui fut prescrite, pendant laquelle on lui administra des somnifères capables d'assommer un éléphant : il ne dormit pas un instant, ni le jour, ni la nuit. Il déambulait dans les couloirs de la clinique, les yeux exorbités, l'air ahuri. Il finit par consulter un exorciste et enregistra ses premiers résultats positifs.

Une force extraordinaire constitue aussi, quelquefois, le signe d'une possession diabolique. Un fou interné peut être immobilisé grâce à la camisole de force, mais pas un possédé : il brise tout, même des chaînes de fer, comme le dit l'Évangile à propos du possédé de Gadaré.

Le Père Candido me raconta le cas d'une jeune fille maigre et apparemment frêle; durant les exorcismes, quatre hommes suffisaient à peine à la maintenir immobile. Elle rompit tous ses liens, y compris les larges sangles de cuir avec lesquelles ils tentèrent de la ligoter. Une fois même, alors qu'elle était attachée par de gros câbles à un châlit métallique, elle cassa une partie du cadre en fer et plia l'autre à angle droit.

Très souvent le patient (et d'autres personnes, si toute une famille est touchée) entend des bruits étranges, des pas dans le couloir, des portes qui s'ouvrent et se referment, des coups dans les murs ou les meubles, voient des objets disparaître puis réapparaître à divers endroits. Je demande toujours, afin de déterminer les causes de ces troubles, depuis combien de temps ils se produisent, s'il est possible de les relier à un fait concret, si l'intéressé a participé à des séances de spiritisme, s'il s'est adressé à des cartomanciens ou des magiciens et, si oui, comment les choses se sont passées.

Il est possible que, sur les conseils d'une connaissance, l'oreiller ou le matelas de la personne concernée aient été ouverts et que l'on y ait trouvé des objets curieux : fils de couleur, touffes de cheveux, tresses, éclats de bois ou de métal, couronnes ou rubans noués très serré, poupées, figurines animales, caillots de sang, cailloux... Tous ces éléments sont les signes distinctifs des sorts.

Lorsque les résultats de l'interrogatoire laissent suspecter une intervention d'origine maléfique, on procède à l'exorcisme.

Je vais ci-après présenter quelques cas. J'ai bien entendu changé, pour chacun des épisodes évoqués, les noms ainsi que d'autres éléments susceptibles d'identifier les personnes en question.

Madame Marta vint me voir en compagnie de son mari pour plusieurs bénédictions. Ils venaient de loin et ce voyage leur avait coûté de nombreux sacrifices. Marta était soignée depuis longtemps par des neurologues sans obtenir la moindre amélioration. Je lui posai quelques questions et décidai de procéder à l'exorcisme, même si elle avait déjà été exorcisée, en vain, par d'autres. Elle tomba tout d'abord par terre, apparemment inconsciente. Tandis que je continuais de réciter les prières d'introduction, elle se lamentait de temps à autre : «Je veux un vrai exorcisme, pas cela!»

Au début du premier exorcisme, qui commence par ces termes : *«Je t'exorcise»*, elle se calma, satisfaite; ces paroles étaient manifestement restées gravées en elle depuis les exorcismes précédents. Puis elle commença à se plaindre que je lui faisais mal aux yeux. Son comportement n'était pas celui d'une possédée. Quand elle revint les fois suivantes, elle ne sut pas me dire si mon exorcisme avait été efficace ou non. Pour plus de sûreté, avant de la renvoyer définitivement, je l'emmenai un jour chez le Père Candido : après avoir posé sa main sur sa tête, il me déclara sans hésitation que le démon n'avait rien à voir là-dedans. Son cas relevait des psychiatres, non des exorcistes.

Pierluigi, 14 ans, était grand et gros pour son âge. Il ne pouvait pas étudier et faisait le désespoir de ses professeurs et de ses camarades, ne réussissant à s'entendre avec aucun d'entre eux; cependant il n'était pas violent. Il présentait la caractéristique suivante : quand il s'asseyait par terre, les jambes croisées ("à l'indienne", comme il disait), aucune force ne parvenait à le soulever, comme s'il s'était transformé en plomb. Les traitements médicaux s'avérant inefficaces, il fut envoyé chez le Père Candido qui commença à l'exorciser et se trouva confronté à une véritable possession. Autre caractéristique : il n'était pas querelleur, mais avec lui les gens devenaient nerveux, criaient, perdaient leur sang-froid. Il s'assit un jour, les jambes croisées, sur le palier de son appartement situé au troisième étage. Les autres locataires montaient et descendaient les escaliers, le secouaient pour qu'il s'en aille de là, mais lui ne bougeait pas. A un certain moment, les locataires de l'immeuble se retrouvèrent tous dans les escaliers, sur les différents paliers, hurlant et criant comme des possédés en direction de Pierluigi. Quelqu'un appela la police. Les parents de l'adolescent téléphonèrent au Père Candido qui, arrivé presque en même temps que les policiers, s'était déjà mis à bavarder avec le jeune garçon pour le convaincre de rentrer chez lui. Mais les policiers (trois hommes bien bâtis) lui dirent : «Écartez-vous, mon Père, c'est à nous de nous en occuper.» Quand ils essayèrent de le déplacer, Pierluigi ne bougea pas d'un pouce. Étonnés et ruisselants de sueur, ils ne savaient pas quoi faire.

Le Père Candido leur dit alors : «Faites rentrer chacun chez soi», et un instant après, ce fut le silence complet. Puis il ajouta : «Descendez maintenant un étage et regardez», et, à l'adresse de Pierluigi : «Tu as été très fort : tu n'as pas prononcé le moindre mot et tu les as tous tenus en respect. Maintenant, rentre chez toi avec moi.» Il le prit par la main et l'adolescent se leva et le suivit, tout content de rejoindre ses parents.

Grâce aux exorcismes, Pierluigi vit son état s'améliorer mais il ne fut jamais totalement délivré.

L'un des cas les plus difficiles dont je me souvienne est celui d'un homme, autrefois très connu, que le Père Candido bénit durant de nombreuses années. Je me rendis moi aussi à son domicile, qu'il ne pouvait pas quitter, afin de le bénir. Je lui fis donc mon exorcisme; il ne dit rien (il avait un démon muet) et je n'enregistrai pas la plus petite réaction. La réaction violente se produisit après mon départ. Cela se passait toujours ainsi. Il était âgé et fut complètement délivré juste à temps pour profiter, dans la sérénité, de ses dernières semaines d'existence.

Une mère était accablée par le comportement étrange d'un de ses fils : à certains moments, il se mettait en colère, hurlait comme un fou, blasphémait puis, une fois redevenu calme, ne se rappelait plus rien.

Il ne priait pas et n'aurait jamais accepté de se faire bénir par un prêtre. Un jour, alors qu'il était parti travailler en portant, comme d'habitude, son bleu de mécanicien, sa mère fit bénir ses vêtements par la prière du Rituel adéquate. De retour de son travail, il enleva sa combinaison sale et se rhabilla sans se douter de rien. Au bout de quelques secondes, il retira ses habits avec fureur, les déchirant presque, et remit son bleu de travail sans dire un mot; plus question pour lui d'enfiler ces vêtements bénis qu'il distinguait parfaitement des autres pièces, non bénies, de sa modeste garde-robe. Ce fait apporta une preuve supplémentaire du besoin impératif d'exorciser ce jeune homme.

Tourmentés par des problèmes de santé et par les bruits curieux qu'ils entendaient chez eux, spécialement à certaines heures fixes de la nuit, deux jeunes frères eurent recours à mes bénédictions. En les bénissant, je notai de légères négativités et je leur prodiguai les conseils opportuns quant à la fréquentation des sacrements, à la prière fervente et à l'usage des trois sacramentaux (eau, huile et sel exorcisés), en les invitant à revenir me voir. Il ressortit de l'interrogatoire que ces troubles étaient apparus au moment où leurs parents avaient décidé d'accueillir chez eux leur grand-père, demeuré seul. C'était un homme qui blasphémait constamment, jurait et maudissait tout et tout le monde. Le regretté Père Tomaselli disait qu'un seul blasphémateur dans une maison suffit parfois à provoquer la ruine d'une famille par des présences diaboliques. Ce cas en apportait la preuve flagrante.

Un seul et même démon peut être présent chez plusieurs personnes. La jeune fille s'appelait Pina; le démon avait annoncé qu'il partirait la nuit suivante. Sachant que les démons mentent presque toujours en pareil cas, le Père Candido sollicita l'aide d'autres exorcistes et exigea la présence d'un médecin. Afin d'immobiliser de temps à autre la possédée, ils l'étendaient sur une longue table : elle se démenait et tombait quelquefois par terre, mais dans la dernière phase de sa chute, elle ralentissait comme si une main l'eût soutenue, si bien qu'elle ne se fit jamais mal. Après avoir œuvré en vain toute la soirée et jusqu'au milieu de la nuit, les exorcistes décidèrent d'arrêter. Le lendemain matin, tandis que le Père Candido exorcisait un enfant de 6 ou 7 ans, le Diable présent chez ce dernier commença à se moquer de lui : «Vous avez beaucoup travaillé cette nuit, mais sans aucun résultat. On vous a bien eu. J'y étais moi aussi!»

Pendant qu'il exorcisait une petite fille, le Père Candido demanda au démon comment il s'appelait. "Zabulon", répondit-il. L'exorcisme une fois terminé, il envoya l'enfant prier devant le tabernacle. Puis ce fut au tour d'une autre petite fille, elle aussi possédée, et le Père Candido posa au démon la même question. "Zabulon", fut la réponse. Le Père Candido demanda alors : «Le même que chez l'autre enfant? Prouve-le. Je t'ordonne au nom de Dieu de retourner chez ma première patiente.» La petite fille émit une sorte de hurlement, se tut brusquement et redevint calme, cependant que l'assistance entendit l'autre enfant (celle qui priait) reprendre ce hurlement. Le Père Candido lança : «A présent, reviens ici!» La petite fille à côté de lui recommença à hurler, tandis que l'autre se remettait à prier. Dans de tels cas, la possession est évidente.

Tout comme elle ressort clairement de certaines réponses, surtout si elles sont fournies par des enfants.

Le Père Candido voulut poser des questions complexes à un enfant de 11 ans, après avoir constaté chez lui la présence du démon. Il le questionna en ces termes : «Il y a sur terre de grands savants, de très hautes intelligences qui nient l'existence de Dieu et la vôtre. Toi, qu'en penses-tu?». Ce à quoi le petit garçon répondit immédiatement : «De très hautes intelligences? De fieffés abrutis, oui!» Et le Père Candido ajouta, en faisant expressément référence aux démons : «Il y en a d'autres qui nient Dieu sciemment, volontairement. Qui sont-ils, d'après toi?» Le petit possédé bondit sur ses pieds et déclara rageusement : «Fais bien attention. Souviens-toi que nous avons revendiqué notre liberté également devant Lui. Nous Lui avons dit non pour toujours.»

L'exorciste le pressa alors dans ses retranchements : «Explique-moi et dis-moi quel sens cela a de revendiquer sa propre liberté devant Dieu, quand sans Lui tu n'es rien, à la même enseigne que moi. C'est comme si dans le chiffre 10, le *zéro* voulait se séparer du *un*. Que deviendrait-il? Que ferait-il? Je t'ordonne au nom de Dieu de me répondre: qu'as-tu réalisé de positif? Allez parle, je t'écoute.» Le petit garçon, plein de rancœur et de crainte, se tordait, bavait, pleurait de manière effroyable, inconcevable pour un enfant de 11 ans, et disait : «Ne me fais pas ce procès! Ne me fais pas ce procès!»

Beaucoup se demandent si l'on peut avoir l'assurance de parler avec le démon. Dans des cas de ce type, cela ne fait aucun doute. Voyons un autre épisode.

Le Père Candido exorcisa un jour une jeune paysanne de 17 ans, habituée à parler en dialecte et connaissant mal l'italien. Il y avait là également deux autres prêtres qui, une fois la présence de Satan établie, ne se lassèrent pas de poser des questions. Tout en continuant de réciter les formules latines, le Père Candido prononça en grec les termes : «Tais-toi, arrête!» La jeune fille se tourna immédiatement vers lui : «Pourquoi m'ordonnes-tu de me taire? Dis-le plutôt à ces deux-là qui n'arrêtent pas de m'interroger!»

Le Père Candido a très souvent questionné le démon chez des personnes de tous les âges; mais il préfère s'adresser à des enfants car il est alors plus évident qu'ils ne fournissent pas de réponses à leur portée, de sorte que la présence du Diable devient quasiment une certitude.

Il demanda un jour à une adolescente de 13 ans : «Deux ennemis, qui se sont haïs à mort durant toute leur vie, finissent tous les deux en enfer : quels seront leurs rapports dans la mesure où ils devront rester ensemble pour l'éternité?» Voici la réponse : «Que tu es stupide! En bas, chacun vit replié sur soi, déchiré par le remords, on n'a de rapport avec personne. Chacun se retrouve dans la solitude la plus complète et pleure désespérément le mal qu'il a fait; c'est comme un cimetière.»

LES PREMIÈRES "BÉNÉDICTIONS"

Il convient d'employer un langage euphémique avec ce type de patients.

J'appelle toujours les exorcismes des *bénédictions*, et les présences du Malin, une fois celles-ci établies, des *négativités*. Le fait que les prières soient en latin constitue un avantage. Car il ne faut utiliser aucun terme alarmiste susceptible de produire l'effet contraire en créant des suggestions trompeuses. Certains ont la manie de la possession : vous pouvez être quasiment sûr qu'ils n'ont rien, mais pour leur esprit confus, le fait d'être exorcisé peut devenir la preuve flagrante de leur possession, et plus personne ne sera en mesure de leur arracher cette idée-là de la tête. Lorsque je ne connais pas encore très bien les sujets, je précise toujours que je donne une bénédiction, même si j'accomplis un exorcisme; très souvent, je donne simplement la bénédiction du Rituel aux malades.

Le sacramental complet comprend de grandes prières d'introduction suivies de trois exorcismes à proprement parler : ils sont différents, complémentaires et respectent une progression logique vers la délivrance. Peu m'importe l'époque à laquelle ils ont été définis (1614?); ils sont indubitablement le fruit d'une très longue expérience directe. Ceux qui les ont rédigés les ont bien expérimentés, en évaluant

les répercussions que chaque phrase entraînait chez
les possédés. On relève néanmoins quelques petites
lacunes, que le Père Candido s'est empressé de combler avec mon concours. Il manque par exemple une
référence à la Vierge. Nous l'avons ajoutée dans
chacun des trois exorcismes, en reprenant les termes
employés dans l'exorcisme de Léon XIII. Mais il ne
s'agit là que de broutilles.

J'ai déjà dit que l'exorcisme pouvait durer de
quelques minutes à plusieurs heures. La première
fois que l'on exorcise une personne, même si l'on
s'aperçoit dès le départ qu'elle présente des négativités, mieux vaut être bref : une prière d'introduction et l'un des trois exorcismes; je choisis généralement le premier qui offre l'occasion de procéder à la
sainte onction. Le Rituel n'en parle pas, comme il ne
parle pas de beaucoup d'autres choses que nous
mentionnerons; mais l'expérience nous a appris (en
nous inspirant de l'onction qui a lieu lors du
baptême) que l'emploi de l'huile des catéchumènes
accroît l'efficacité des paroles : *"Sit nominis tui
signo famulus tuus munitus"*. Le démon tente de se
cacher, de ne pas être découvert pour éviter d'être
chassé. C'est la raison pour laquelle il arrive que,
les premières fois, il ne se manifeste que très peu ou
bien même pas du tout. Par la suite, la force des
exorcismes l'oblige à sortir à découvert. Et il existe
différents moyens de l'agacer dont, entre autres,
l'onction. Le Rituel ne précise pas la position que
l'exorciste doit adopter : certains restent debout,
d'autres s'asseyent, certains se tiennent à la droite du
possédé, d'autres à sa gauche ou bien derrière. Le
Rituel préconise simplement qu'à partir de la phrase:
"Ecce crucem Domini", le prêtre doit poser un pan

de son étole sur le cou de son patient et placer sa
main droite sur sa tête. Nous avons vu que le démon
était extrêmement sensible aux stimulations des cinq
sens («j'entre par là», me déclara-t-il une fois), et
surtout des yeux. Nous avons donc pour habitude, le
Père Candido, ses élèves et moi-même, de poser
légèrement deux doigts sur les yeux du sujet et de
soulever ses paupières à certains moments de la
prière. En cas de présence maléfique, les yeux sont
presque toujours entièrement révulsés; on les
distingue à peine, et il faut parfois s'aider de l'autre
main pour savoir de quel côté sont les pupilles : en
haut ou en bas.

La position des pupilles fournit des indications
précises concernant le genre de démons et les
troubles auxquels on est confronté. Dans tous les
interrogatoires, les démons se sont toujours classés
selon une double répartition tirée du chapitre 9 de
l'Apocalypse : si les pupilles sont en haut, il s'agit de
scorpions, et si elles sont en bas, de *serpents*. Les
scorpions sont dirigés par Lucifer (nom peut-être
extra-biblique, mais profondément ancré dans la
tradition), et les serpents, par Satan qui commande
aussi à Lucifer (mais ce pourrait être le même
démon) et à tous les démons. Je ferai remarquer que
dans la Bible, le mot "diable" n'a pas comme
"démon" un sens générique, et qu'il désigne exclusivement Satan; l'autre nom de Satan est Béelzéboul.
Pour beaucoup, Lucifer est synonyme de Satan. Je
n'approfondirai pas la question : d'après mon expérience personnelle, il s'agit de deux démons différents.

Les démons n'aiment pas beaucoup parler : il faut
les forcer et ils ne le font que dans les cas les plus

graves, à savoir ceux de véritable possession. Ils se montrent parfois spontanément très bavards : c'est une ruse destinée à distraire l'exorciste, à l'empêcher d'atteindre la concentration nécessaire, et qui leur permet également de ne pas répondre aux questions utiles.

Lors de l'interrogatoire, il s'avère essentiel de s'en tenir aux règles du Rituel : il ne faut pas poser de questions inutiles ou relevant de la simple curiosité, mais demander son nom au démon, s'il y a d'autres démons, et si oui : combien, quand et comment le Malin est entré dans ce corps, à quel moment il en sortira... Si la présence du démon dérive d'un maléfice, on demande comment ce maléfice a été réalisé. Si la personne a mangé ou bu des substances maléfiques, elle doit les vomir; si un charme quelconque a été caché, il faut se faire dire où il se trouve afin de le brûler en prenant toutes les précautions nécessaires.

Pendant le déroulement des exorcismes, la présence maléfique se manifeste, le cas échéant, petit à petit ou bien sous forme d'explosions brusques. L'exorciste apprécie au fur et à mesure la force et la gravité du mal : il détermine s'il s'agit d'une *possession*, d'une *vexation* ou d'une *obsession;* si le mal est de faible ampleur ou bien profondément enraciné. Rares sont les textes fournissant des explications claires en la matière. J'utilise pour ma part le critère suivant : si au cours des exorcismes (noter que c'est le moment où le démon est le plus contraint, par la puissance de l'exorcisme, de sortir à découvert; il peut assaillir le sujet à d'autres occasions aussi, mais ces attaques s'avèrent généralement de plus faible intensité), la personne entre complètement *en transe*, de sorte que quand elle parle, c'est le démon qui s'exprime par sa bouche et que quand elle se débat, c'est le démon qui se sert de ses membres, et si à la fin de l'exorcisme, elle ne se souvient plus de rien, il s'agit alors d'une *possession diabolique*, c'est-à-dire que la personne abrite un démon qui agit de temps à autre avec ses membres. En revanche si un individu, tout en présentant certaines réactions attestant l'attaque démoniaque, ne perd pas du tout connaissance pendant les exorcismes et se rappelle même vaguement, à la fin, ce qu'il a fait ou entendu, il s'agit alors d'une *vexation diabolique* : un diable ne s'est pas établi de façon permanente à l'intérieur du patient, mais il y a bien un diable qui, de temps à autre, l'assaille et provoque chez lui des troubles physiques et psychiques. Néanmoins les choses ne se passent pas toujours ainsi.

Je ne m'étendrai pas sur la troisième forme (outre la possession et l'infestation) qu'est l'obsession diabolique, à savoir des pensées obsessionnelles invincibles qui apparaissent surtout la nuit, mais qui peuvent aussi tourmenter le sujet de façon permanente.

Précisons que le traitement est le même dans tous les cas : prière, sacrements, jeûne, vie chrétienne, charité et exorcismes.

Je préfère évoquer plusieurs troubles généraux susceptibles d'indiquer une cause maléfique, même si ce n'est pas toujours le cas : ils ne suffisent pas à établir un diagnostic, mais peuvent aider à le formuler.

Les négativités, c'est-à-dire les démons, ont tendance à attaquer l'homme à *cinq niveaux*, de manière plus ou moins forte suivant la gravité de la cause : au niveau de la santé, de la vie affective, des affaires, du goût de vivre et du désir de mourir.

Au niveau de la santé. Le Malin a le pouvoir de causer des troubles physiques et psychiques. J'ai déjà fait allusion aux deux maux les plus courants affectant la tête et l'estomac. Il s'agit généralement de maux durables. D'autres sont passagers et n'apparaissent souvent que lors de l'exorcisme (bubons, élancements, bleus...). Le Rituel suggère de faire au-dessus d'eux le signe de la croix et de les asperger d'eau bénite. On peut également, avec tout autant d'efficacité, les recouvrir simplement de l'étole en les pressant d'une main. J'ai plusieurs fois reçu des femmes affligées à l'idée d'être prochainement opérées de kystes aux ovaires : c'était du moins le traitement préconisé au vu de leurs douleurs et de l'échographie.

Les douleurs cessèrent après la bénédiction; une nouvelle échographie ne fit état d'aucun kyste et on ne parla plus d'opération. Le Père Candido a déjà eu affaire à de graves maladies qui disparurent grâce à ses bénédictions, y compris des tumeurs au cerveau dont les médecins avaient certifié l'existence. Cela n'arrive bien évidemment qu'aux personnes ayant des négativités et pour lesquelles on a toutes les raisons de croire que le mal provient du Malin.

Au niveau de la vie affective. Le Malin peut susciter un état de nervosité irrésistible, surtout à l'égard des personnes qui nous aiment le plus. Il brise ainsi des mariages, rompt des fiançailles, provoque des querelles accompagnées de hurlements et de vacarme au sein de familles en réalité unies; et ce toujours pour des raisons futiles. Il détruit les amitiés; il donne à la personne touchée l'impression de ne plus être la bienvenue nulle part, que les gens l'évitent, qu'elle doit s'éloigner de tout le monde. Incompréhension, absence d'amour, vide affectif complet, impossibilité de se marier.

Le cas suivant est aussi extrêmement fréquent : chaque fois que l'on entame une relation amicale susceptible de se transformer en rapport amoureux, ou bien quand quelqu'un s'est ouvertement déclaré, tout part brusquement en fumée, sans raison aucune.

Au niveau des affaires. Impossibilité de trouver du travail, pour des motifs inexistants ou absurdes, même quand on a la quasi certitude d'avoir une place. Ou bien les personnes qui trouvent effectivement un travail l'abandonnent ensuite pour des raisons stupides, et quand une autre occasion s'offre à elles, elles ne se présentent même pas ou bien quittent également cet emploi avec une légèreté que leurs proches qualifient d'inconsciente ou d'anormale. J'ai vu des familles très aisées tomber dans la misère la plus noire pour des motifs humainement inexplicables. Ce fut le cas par exemple de gros industriels pour lesquels tout commença subitement et inexplicablement à aller à la dérive; ou bien de grands entrepreneurs qui se mirent tout d'un coup à commettre des erreurs grossières qui leur attirèrent un monceau de dettes; ou bien encore de commerçants à la tête de magasins bondés qui virent brusquement leurs boutiques désertées. Il s'agissait en résumé soit de l'impossibilité de trouver un travail quelconque, soit du passage d'une situation

économique normale à la misère, d'un travail intense
à l'inactivité. Et toujours sans raisons valables.

Au niveau du goût de vivre. Il paraît logique que
les troubles physiques, l'isolement affectif et la
faillite économique engendrent un pessimisme tel que
l'on ne voit plus que les mauvais côtés de la vie.
Vient alors s'ajouter une sorte d'inaptitude à l'opti-
misme ou tout au moins une incapacité d'espérer; la
vie semble complètement noire, sans issue, insup-
portable.

Au niveau du désir de mourir. C'est l'objectif
final du Malin : conduire au désespoir et au suicide.
Et je tiens à préciser tout de suite que le fait de se
placer sous la protection de l'Église, ne serait-ce que
par une seule bénédiction, permet d'éliminer ce
cinquième point. Le sujet a l'impression de revivre
ce que le Seigneur dit au démon à propos de Job :
«Soit! dit Yahwé à Satan, dispose de lui, mais res-
pecte pourtant sa vie» (Jb 2,6). Je pourrais raconter
une série d'épisodes où, par des interventions qui
tiennent du miracle, le Seigneur a sauvé certaines
personnes du suicide.

Nombreux sont ceux qui, lorsque j'exposais ces
cinq points, étaient pleinement touchés, bien qu'à des
degrés de gravité différents. Je ne répéterai jamais
assez que ces maux peuvent résulter d'une présence
maléfique, mais aussi d'autres causes : ils ne suffisent
pas à eux seuls pour conclure qu'un individu est
infesté ou possédé du Malin.

Le cinquième point (désir de mourir et tentatives
de suicide) étant le plus important, je voudrais citer
au moins deux exemples. Je me suis occupé du cas

d'une infirmière diplômée qui, en phase de crise aiguë et à bout de forces, suivit un raisonnement totalement incohérent.

Devant pratiquer une transfusion, elle pensa : «J'injecte un autre groupe sanguin : le malade meurt, je suis arrêtée et je me réfugie ainsi en prison.» Elle mit son projet à exécution, parfaitement sûre d'avoir utilisé un autre groupe sanguin pour la transfusion, puis regagna sa petite chambre et attendit qu'on vienne l'arrêter. Mais les heures s'écoulèrent en vain. La transfusion s'était très bien déroulée (on ignore comment), et l'infirmière ne songea plus qu'à se repentir de sa stupidité.

Giancarlo, un jeune homme de 25 ans, semblait plein de vie et en parfaite santé. Il avait cependant un "locataire" qui le tourmentait atrocement. Les exorcismes lui procuraient un peu de soulagement, mais pas assez. Il décida un soir d'en finir, comme il avait déjà tenté de le faire à plusieurs reprises. Il marcha le long des voies d'une importante ligne de chemin de fer et, une fois parvenu à une large courbe, s'étendit dans un sac de couchage en travers des rails de l'une des deux voies. Il réussit à garder cette position inconfortable pendant quatre ou cinq heures. Plusieurs trains passèrent, dans les deux sens, mais tous sur l'autre voie. Et aucun mécanicien ou cheminot ne s'aperçut de sa présence. Voici les faits : je suis incapable d'en donner une explication naturelle.

J'ai demandé au Père Candido si, au cours de sa longue expérience, certaines des personnes qu'il avait bénites étaient décédées. Il me dit n'avoir connu qu'un seul cas, qu'il me relata. Une jeune fille de Rome, réduite à un état lamentable par une possession intégrale du Malin, avait commencé à se rendre chez lui pour être exorcisée. Tout en enregistrant une certaine amélioration, elle avait toujours beaucoup de mal à résister à la tentation du suicide. Sa mère rendit un jour visite au Père Candido : cette femme croyait que sa fille était une "obsédée" et lui adressait constamment des reproches. Elle écouta les explications du Père Candido, parut convaincue, mais il n'en était rien. Un jour, alors que sa fille lui confiait ses continuelles envies de se suicider, cette mère indigne se lança dans l'une de ses scènes habituelles : «Tu es une obsédée, tu n'es bonne à rien, tu ne sais même pas te tuer. Essaye donc, pour voir!», et, sur ces mots, elle ouvrit tout grand la fenêtre. La jeune fille se jeta dehors et mourut sur le coup. C'est le seul cas de suicide que le Père Candido eut à déplorer chez l'un de ses patients. Mais la faute de la mère, déjà coupable de l'état de sa fille, est plus que flagrante.

Nous avons précédemment évoqué la durée des exorcismes et le fait qu'il était impossible de prévoir le temps nécessaire à l'obtention de la délivrance. La collaboration active du sujet s'avère essentielle, mais elle ne suffit pas toujours et au lieu de la guérison, on n'obtient que des améliorations. Le Père Candido exorcisa un jour un grand et gros garçon, l'un de ceux qui font couler la sueur de l'exorciste car ils requièrent également un puissant effort physique.

On a parfois l'impression d'engager une lutte en bonne et due forme. Dès le début, l'adolescent avait déclaré au Père : «Je ne sais pas si c'est très bien que vous m'exorcisiez aujourd'hui; j'ai l'impression que je vais vous faire du mal.» Un véritable combat les opposa en effet, sans que l'on puisse deviner à l'avance qui allait l'emporter. Puis, tout à coup, le jeune homme s'écroula, suivi peu de temps après par le Père Candido qui s'effondra sur lui. Il me dit en souriant : «Si quelqu'un était entré à ce moment-là, il n'aurait pas su lequel de nous deux était l'exorciste ou le possédé.» Le Père reprit ensuite ses esprits et acheva son exorcisme. Quelques jours après, Padre Pio lui fit dire : «Ne gaspillez pas votre temps et vos forces avec ce garçon. C'est peine perdue.» Grâce à une inspiration d'en haut, le Padre Pio avait compris que rien ne pourrait être obtenu dans ce cas. Et les faits confirmèrent ses paroles.

Je voudrais ajouter une remarque : *la possession diabolique n'est pas contagieuse, ni pour la famille, ni pour ceux qui y assistent, ni pour les lieux où les exorcismes sont pratiqués.* Il est important de le souligner car nous, les exorcistes, avons souvent beaucoup de mal à trouver des endroits où nous puissions exécuter ce sacramental. Et bon nombre des refus dérivent justement de cette peur que le local demeure "infesté". Les prêtres, tout au moins eux, doivent savoir que la présence des possédés et les exorcismes réalisés sur leur personne ne laissent pas la moindre trace dans les lieux et chez leurs habitants.

Le péché est en revanche à redouter; un pécheur endurci, un blasphémateur peut anéantir sa famille, son milieu de travail et les endroits qu'il fréquente.

Je vais maintenant relater plusieurs cas qui ne figurent pas parmi les événements les plus marquants qui me sont arrivés, mais parmi ceux les plus typiques et les plus courants. Une adolescente de 16 ans, Anna Maria, était inquiète parce qu'elle ratait depuis quelque temps ses études (alors qu'elle n'avait jamais rencontré auparavant la moindre difficulté) et entendait chez elle des bruits curieux. Elle vint me voir accompagnée de ses parents et de sa sœur. Je la bénis et notai un petit signe de négativité. Je bénis ensuite sa mère, qui souffrait de certains troubles. Tandis que je plaçais mes mains sur sa tête, elle émit un long hurlement et glissa de la chaise où elle était assise par terre. Je fis sortir les deux sœurs et poursuivis mon exorcisme, assisté du père; j'enregistrai une négativité bien plus forte que chez la jeune fille.

Pour Anna Maria, trois bénédictions suffirent : ce cas bénin fut immédiatement résolu. En ce qui concerne sa mère, cela prit plusieurs mois, au rythme d'une bénédiction par semaine, mais elle guérit complètement et beaucoup plus vite que les réactions manifestées lors de la première bénédiction le laissaient prévoir.

Giovanna, environ 30 ans, mère de trois enfants, me fut envoyée par son confesseur. Elle souffrait de maux de tête, d'estomac et d'évanouissements. Pour les médecins, elle était en parfaite santé. Le mal s'évacua petit à petit : il était dû à la présence de trois démons, chacun ayant pénétré en elle à la suite de sorts jetés à trois étapes différentes de son existence. Le sort le plus puissant lui avait été jeté par une jeune fille qui, avant le mariage de Giovanna, désirait profondément épouser le fiancé de cette dernière.

Giovanna faisait partie d'une famille très pieuse, ce qui facilita les exorcismes; deux démons sortirent assez rapidement, mais le troisième résista davantage. Il fallut presque trois ans de bénédictions, au rythme d'une par semaine.

Je reçus un jour sur rendez-vous Marcella, une jeune fille très blonde de 19 ans, à l'air effronté. Elle souffrait de douleurs lancinantes à l'estomac et d'une irrépressible tendance à répondre, aussi bien chez elle qu'à son travail, de manière agressive, acerbe, sans pouvoir s'arrêter. Pour les médecins, elle n'avait rien. Quand je lui mis mes mains sur les paupières, au début de la bénédiction, elle montra des yeux totalement révulsés, avec des pupilles à peine visibles dirigées vers le bas, et éclata d'un rire sardonique. J'eus juste le temps de penser que j'avais affaire à Satan, lorsque je l'entendis dire : «C'est moi, Satan!» en éclatant de rire à nouveau. Marcella intensifia progressivement son rythme de prière, communia avec constance, récita quotidiennement son chapelet et se confessa chaque semaine (la confession est bien plus forte qu'un exorcisme!). Son état s'améliora progressivement, excepté quelques petites rechutes dues à un ralentissement de son rythme de prière, et guérit au bout de deux années seulement.

Giuseppe, 28 ans, vint me trouver avec sa mère et sa sœur. Je vis tout de suite qu'il n'était venu que pour faire plaisir à ses proches.

Il empestait la cigarette; il se droguait, revendait de la drogue et blasphémait. Pas question de parler de prière ou de sacrements! Je m'efforçai de l'amener à accepter ma bénédiction de bonne grâce. Ce fut excessivement bref : le démon se manifesta

immédiatement avec violence et je n'insistai pas.
Quand je dis à Giuseppe ce qu'il avait, il me rétor-
qua : «Je le savais déjà et je suis content ainsi; je me
sens bien avec le démon.»
Je ne l'ai plus jamais revu.

Lorsque Sœur Angela vint chez moi, elle était
encore très jeune mais se trouvait déjà dans un état
pitoyable : elle ne parvenait presque pas à parler, et
encore moins à prier. Son corps tout entier la faisait
manifestement souffrir : il n'y avait pas un pouce de
son organisme qui ne fût pas le siège de la douleur.
Des blasphèmes ne cessaient de retentir dans sa tête
et elle percevait souvent des bruits étranges, que les
autres religieuses entendaient également. La malédiction (voire le sort) d'un prêtre indigne était à
l'origine de tous ces troubles. Sœur Angela faisait
don de chacune de ses souffrances à sa congrégation.
Après de nombreuses bénédictions, qui lui apportèrent un certain soulagement, elle fut transférée
dans une autre ville. J'espère qu'elle aura trouvé un
autre exorciste pour poursuivre cette œuvre de délivrance.

Parmi les cas, effroyables, de sorts jetés à toute
une famille, en voici un. Le père, commerçant jusqu'alors comblé par la réussite, se vit subitement
privé de commandes pour des raisons inexplicables.
Ses magasins étaient remplis de marchandises, mais
les clients avaient disparu. Il réussit une fois à
placer un certain nombre de ses produits, mais le
camion chargé de retirer la marchandise tomba en
panne à plusieurs reprises, ne parvint pas à
destination, si bien que le contrat tomba à l'eau. Une

autre fois, après avoir eu beaucoup de mal à conclure une vente, le camion arriva mais personne ne fut capable de remonter le rideau de fer du magasin : cette affaire partit elle aussi en fumée. L'une des filles, mariée, vit à la même époque son époux la quitter et l'autre fille, à la veille de ses noces, alors que les préparatifs de la maison étaient terminés, fut abandonnée par son fiancé qui ne fournit aucune explication. Sans parler des troubles de santé et des bruits qui retentissaient dans la maison, comme cela se produit presque toujours en pareil cas. Difficile de savoir par où commencer! Outre les recommandations habituelles concernant la prière, la fréquentation des sacrements et une vie chrétienne menée de façon cohérente, je commençai ici aussi à bénir tous les membres de la famille. Je pratiquai ensuite mon exorcisme et je célébrai la messe dans la maison et sur les lieux de travail du père. Les effets se manifestèrent au bout d'un an, puis se poursuivirent sans relâche, mais au ralenti. Quelles rudes épreuves pour la foi et la persévérance!

Antonia, 20 ans, vint me trouver en compagnie de son père, pâtissier.

A peu près au même moment où la jeune fille avait pris l'attitude d'une voyante (elle entendait des voix étranges, ne réussissait plus ni à dormir, ni à travailler), son père avait commencé à souffrir de maux d'estomac que les médecins et les médicaments s'avéraient incapables de calmer.

Quand je bénis la fille, je vis qu'il s'agissait d'une légère négativité; je lui dis que selon toute probabilité, quelques bénédictions suffiraient à la guérir.

Lorsque je bénis en revanche son père, celui-ci entra complètement en transe, tout en demeurant muet et sans manifester la moindre agitation. A son réveil, je m'aperçus qu'il ne s'était rendu compte de rien. Je recommandai alors à la jeune fille de ne pas dire à son père ce qui s'était passé, pour ne pas l'effrayer, mais de revenir me voir tous les deux.

De retour à la maison, elle ne put se retenir de tout raconter; son père, épouvanté à l'idée d'être entré en transe, se rendit... chez un magicien. Je sais par la personne qui me les avait adressés qu'ils vont mal, mais ils ne sont plus jamais revenus me voir. Ils ne sont pas les seuls à avoir agi de cette manière : d'autres personnes, découragées par la lenteur de la guérison, se sont tournées vers des magiciens, et la situation n'a fait qu'empirer.

Dieu nous a créés libres; nous sommes également libres de nous détruire.

COMMENT SE COMPORTE LE DÉMON ?

Disons pour commencer qu'en règle générale, le démon fait tout pour ne pas être découvert, qu'il se montre assez avare de paroles et qu'il cherche tous les moyens de décourager le patient et l'exorciste. On peut, pour plus de clarté, diviser ce comportement en quatre phases : avant sa découverte, pendant les exorcismes, près de l'issue et après la délivrance. Signalons également qu'on ne rencontre jamais deux cas identiques. Le comportement du Malin est on ne peut plus varié et imprévisible. Je ne ferai ici référence qu'à certaines de ses attitudes les plus fréquentes.

1. *Avant sa découverte.* Le démon provoque des troubles physiques et psychiques : la personne touchée se fait par conséquent soigner par des médecins sans qu'aucun d'entre eux ne soupçonne la véritable source de son mal. Les médecins entament dans certains cas un très long traitement, en testant divers médicaments, toujours inefficaces, si bien que le patient change plusieurs fois de docteur en les accusant tous de ne pas comprendre sa maladie. Le traitement des troubles psychiques s'avère plus complexe; très souvent les spécialistes ne remarquent rien (comme pour les malaises physiques), et la victime passe pour une "obsédée" aux yeux de sa

famille. L'une des croix les plus lourdes à porter pour ces "malades" réside dans le fait qu'ils ne rencontrent, dans leur entourage, qu'incompréhension et incrédulité. Après avoir frappé en vain aux portes de la médecine officielle, ces personnes finissent presque toujours, tôt ou tard, par s'adresser à des guérisseurs ou, pire encore, à des magiciens, des chiromanciens ou des sorciers, leurs maux ne faisant alors qu'empirer.

Tous ceux qui font appel à un exorciste (sur les conseils d'un ami, très rarement sur ceux d'un prêtre) ont généralement suivi auparavant la filière des médecins puis, ces derniers ne leur inspirant plus que de la méfiance, la plupart se sont déjà tournés vers des magiciens ou assimilés. Le manque de foi, ou tout au moins le fait de ne pas être pratiquant, ajouté à la carence ecclésiastique immense et injustifiée dans ce domaine, permettent de comprendre ce type de comportement. La rencontre de l'exorciste est pratiquement toujours le fruit du hasard.

Il ne faut pas oublier que même dans les cas de possession intégrale (où le démon parle et agit en se servant des membres de sa malheureuse victime), le démon n'intervient pas continuellement mais entrecoupe son action (couramment désignée sous le terme de "moment de crise") par des phases de repos plus ou moins longues. Sauf dans les cas les plus graves, le sujet peut poursuivre ses études ou son travail de manière apparemment normale, étant en réalité le seul à savoir les efforts que cela lui coûte.

2. *Pendant les exorcismes.* En principe, le démon fait tout pour ne pas être découvert ou tout au moins pour dissimuler l'ampleur de la possession, même

s'il n'y parvient pas toujours. Il est parfois contraint par la force des exorcismes à se manifester dès la première prière; dans d'autres cas, plusieurs exorcismes sont nécessaires. Je me souviens d'un jeune homme qui, lors de la première bénédiction, ne m'avait inspiré qu'un léger soupçon; je pensai alors : «C'est un cas facile : une, voire deux bénédictions suffiront à régler le problème.»

La deuxième fois, il devint furieux et je n'entamai plus jamais mon exorcisme sans avoir avec moi quatre hommes robustes pour le maintenir.

Dans d'autres cas, il faut attendre l'heure de Dieu. Je me rappelle une personne qui s'était rendue chez plusieurs exorcistes (moi compris) sans qu'ils ne remarquent rien de particulier. Jusqu'au jour où le démon manifesta clairement sa présence, et l'on put alors pratiquer les exorcismes au rythme requis pour délivrer les possédés.

Le démon révèle quelquefois toute sa force, qui varie d'un individu à l'autre, dès la première ou la deuxième bénédiction; mais cette manifestation peut aussi être progressive : il y a des sujets qui semblent présenter à chaque séance de nouveaux troubles. On a l'impression que tout le mal qu'ils renferment doit apparaître petit à petit pour pouvoir être éliminé.

Le démon réagit de façon très diverse aux prières et aux injonctions.

Il s'efforce très souvent de se montrer indifférent, mais en réalité il souffre, et sa souffrance ne cesse d'augmenter jusqu'à la délivrance finale. Certains possédés demeurent immobiles et silencieux, ne réagissant aux provocations qu'avec leurs yeux.

D'autres se débattent : il convient alors de les maintenir pour les empêcher de se blesser; d'autres encore gémissent, surtout quand on applique l'étole sur les parties douloureuses, comme le préconise le Rituel, ou bien lorsqu'on fait un signe de croix au-dessus de ces régions ou qu'on les asperge d'eau bénite. Rares sont ceux qui deviennent furieux et doivent être tenus fermement par les assistants de l'exorciste ou par leurs proches.

Pour ce qui est de parler, les démons font géné-ralement preuve de beaucoup de réticence. Le Rituel enjoint très justement de ne pas poser de questions relevant de la pure curiosité, et de demander uniquement ce qui peut être utile à la délivrance, en commençant par le nom : pour le démon, si peu enclin à se manifester, le fait de révéler son nom constitue une défaite; une fois qu'il l'aura donné, il hésitera toujours à le répéter lors des exorcismes ultérieurs. On ordonne ensuite au Malin de préciser combien de démons habitent le corps du patient. Ce nombre peut être élevé ou réduit, mais il y a toujours un chef qui porte le premier des noms fournis. Quand le démon a un nom biblique ou tra-ditionnel (par exemple : *Satan* ou *Béelzéboul, Lucifer, Zabulon, Asmodée...*), il s'agit de "gros morceaux", plus durs à contrôler. Mais la difficulté réside en grande partie dans la force avec laquelle le démon s'est emparé d'une personne. Lorsqu'on a affaire à plusieurs démons, le chef est toujours le dernier à s'en aller.

La force de la possession résulte aussi de la réaction du démon à l'égard des noms sacrés. En règle générale, le Malin ne peut pas prononcer ces noms : il les remplace par d'autres expressions comme "Lui", pour désigner Dieu ou Jésus, ou bien "Elle", pour indiquer la Sainte Vierge. Il peut également dire : "ton chef" ou "ta patronne", pour parler de Jésus ou de la Sainte Vierge. Quand en revanche la possession est excessivement forte et le démon de haut rang (rappelons que les démons conservent le rang qu'ils occupaient en tant qu'anges, à savoir les Trônes, les Principautés, les Dominations...), il est alors possible qu'il prononce les noms de Dieu et de la Sainte Vierge, mais en les accompagnant d'horribles blasphèmes.

Bon nombre de gens croient, nul ne sait pourquoi, que les démons sont bavards et que si une personne va assister à un exorcisme, le démon fera en public l'énumération de tous ses péchés. Rien n'est plus faux; les démons parlent avec réticence et lorsqu'ils se montrent bavards, ils disent des choses stupides afin de distraire l'exorciste et d'échapper à ses questions. Il y a cependant des exceptions. Le Père Candido invita un jour à l'un de ses exorcismes un prêtre qui se vantait de ne pas y croire. Ce dernier se rendit à cette invitation et, une fois sur place, adopta une attitude presque méprisante, gardant les bras croisés, sans prier (à l'inverse de ce que les présents sont tenus de faire), un sourire ironique sur les lèvres. A un moment donné, le démon s'adressa à lui : «Tu dis que tu ne crois pas au Diable. Mais tu crois aux femmes, à elles, tu y crois, oh oui, tu y crois, et comment!». Le malheureux recula alors tout doucement vers la porte et s'éclipsa en vitesse.

Une autre fois, le démon fit la description des péchés afin de décourager l'exorciste. Le Père Candido était en train de bénir un jeune homme habité par une bête beaucoup plus grosse que lui. Le démon tenta de décourager l'exorciste en ces termes: «Tu ne vois pas que tu perds ton temps avec lui? Il est de ceux qui ne prient jamais, qui fréquentent..., qui font...», suivis d'une longue série de vilains péchés. A la fin de l'exorcisme, le Père Candido essaya poliment de convaincre son patient de se confesser. Mais ce dernier ne voulait rien savoir. Il fallut presque le tirer de force dans un confessionnal, et là, il se dépêcha de dire qu'il n'avait rien à se reprocher. «Mais tu n'as pas fait telle chose ce jour-là?» insista le Père Candido. Et le jeune homme, stupéfait, dut reconnaître sa faute. «Et tu n'aurais pas aussi fait ceci, par hasard?» et le malheureux, de plus en plus confus, dut reconnaître l'un après l'autre tous les péchés que le Père Candido, reprenant les déclarations du démon, lui rappelait en mémoire. Après avoir enfin reçu l'absolution, le sujet s'en alla, interdit : «Je n'y comprends plus rien! Ces prêtres, ils savent tout!»

Le Rituel suggère par ailleurs de demander depuis combien de temps le démon se trouve dans le corps, pour quelle raison, etc. Nous parlerons en temps utile du comportement qu'il convient d'adopter en cas de sorts, des questions qu'il faut poser et de la manière d'agir.

Soulignons pour l'instant que le démon est le prince du mensonge. Il peut parfaitement accuser telle ou telle personne afin de faire naître des soupçons et des inimitiés. Les réponses du démon doivent donc être soigneusement passées au crible. Je me contenterai de dire que l'interrogatoire du démon revêt généralement une faible importance. Il arrive par exemple très souvent que le démon, se sentant très affaibli, réponde à des questions concernant la date de sa sortie sans pour autant tenir ses engagements. Un exorciste expérimenté comme le Père Candido, qui saisit immédiatement à quel type de démon il a affaire et devine la plupart du temps le nom de ce dernier, ne se livre qu'à très peu d'interrogatoires. Il s'est de temps en temps entendu répondre, après avoir demandé au démon comment il s'appelait : «Tu le sais déjà.»   Et c'était vrai.

En général les démons parlent spontanément dans les cas de fortes possessions, pour essayer de décourager ou d'épouvanter l'exorciste.

Je me suis entendu rétorquer à diverses reprises des phrases du type : «Tu ne peux rien contre moi!» – «C'est chez moi, ici; j'y suis bien et j'y reste!» – «Tu es en train de perdre ton temps.»   Ou bien des menaces : «Je te dévorerai le cœur!» – «Cette nuit, la peur t'empêchera de fermer les yeux.» – «Je me glisserai dans ton lit comme un serpent.» – «Je te ferai tomber de ton lit.»... A certaines de mes répliques, en revanche, le Malin demeure silencieux. Quand je lui dis par exemple : «Je suis enveloppé dans le manteau de la Vierge; que pourrais-tu bien me faire?» – «L'Archange Gabriel est mon saint patron; essaie de lutter contre lui.» – «Mon ange gardien veille à ce qu'il ne m'arrive rien; tu ne peux rien faire», etc...

On trouve toujours un point faible.   Certains démons ne supportent pas que l'étole soit appliquée sur les parties endolories, d'autres, que l'on souffle sur le visage du patient, et d'autres encore s'opposent de toutes leurs forces à l'aspersion d'eau bénite.

Il existe par ailleurs des phrases, dans les prières d'exorcisme ou dans d'autres prières, que l'exorciste peut réciter et qui engendrent une violente réaction chez le démon ou bien qui l'affaiblissent.   Il suffit alors d'insister, de répéter ces phrases, comme le préconise le Rituel.

L'exorcisme peut être long ou court : c'est l'exorciste qui décide en fonction de différents facteurs. La présence d'un médecin s'avère souvent utile non seulement pour établir le diagnostic initial, mais aussi pour donner son avis quant à la durée de l'exorcisme. Et ce surtout lorsque le possédé n'est pas en bonne santé (s'il est cardiaque, par exemple) ou que l'exorciste ne se sent pas bien : le médecin peut alors conseiller d'arrêter. En général, l'exorciste le fait de lui-même quand il réalise qu'il serait inutile de continuer.

3. *Près de l'issue.* C'est une phase difficile et délicate qui peut durer très longtemps. Le démon montre d'une part qu'il a perdu une partie de ses forces, mais tente d'autre part de déjouer les ultimes attaques. On a souvent l'impression suivante : tandis que pour les maladies ordinaires, le malade voit son état s'améliorer progressivement avant la guérison complète, dans le cas d'un possédé, c'est le contraire qui se produit, c'est-à-dire que la personne touchée voit son état empirer et, au moment où elle n'en peut vraiment plus, elle guérit. Les choses ne se passent pas toujours ainsi, mais c'est le cas de figure le plus fréquent.

Pour le démon, quitter une personne et retourner en enfer, où il est presque toujours condamné, revient à mourir pour l'éternité et à perdre toute possibilité de se manifester en molestant des individus.

Il exprime ce désespoir par des expressions qui reviennent souvent au cours des exorcismes : «Je meurs, je meurs.» – «Je n'en peux plus.» – «Ça suffit, vous me tuez!» – «Vous n'êtes que des assassins, des bourreaux; tous les prêtres sont des assassins», etc. Le contenu de ses déclarations n'est plus du tout le même que lors des premiers exorcismes. S'il disait alors : «Tu ne peux rien faire contre moi», il dit à présent : «Tu me tues, tu m'as vaincu». S'il disait auparavant qu'il ne s'en irait jamais parce qu'il se sentait bien là où il était, il affirme désormais qu'il se sent excessivement mal et qu'il désire partir. Il est certain que chaque exorcisme équivaut, pour le démon, à une volée de coups de bâton : il souffre énormément, mais inflige également beaucoup de douleur et de fatigue à la personne qu'il habite. Il en vient même à avouer se sentir plus mal durant les exorcismes qu'en enfer. Un jour, tandis que le Père Candido exorcisait un sujet proche de la délivrance, le démon déclara ouvertement : «Crois-tu que je m'en irais si je me sentais bien ici?» Les exorcismes lui étaient devenus vraiment insupportables.

Un autre facteur dont il faut tenir compte, si l'on veut aider les personnes se trouvant sur la voie de la délivrance, c'est que le démon s'efforce de leur communiquer ses propres sentiments : il n'en peut plus et leur procure une sensation d'épuisement intolérable; il est désespéré et tente de transmettre son propre désespoir au possédé; il sent qu'il est perdu, qu'il ne lui reste que peu de temps à vivre, qu'il n'est plus en mesure de raisonner correctement et donne au patient l'impression que tout est fini, que sa vie touche à son terme, et ce dernier est de plus en plus persuadé de devenir fou.

Combien de fois les pauvres victimes n'ont-elles pas déclaré, affligées, à l'exorciste : «Dites-moi franchement si je suis folle!» Pour le possédé aussi les exorcismes sont de plus en plus pénibles, si bien qu'il arrive parfois qu'il rate le rendez-vous à moins d'être accompagné ou presque forcé. J'ai même eu le cas de personnes proches ou assez proches de la délivrance, qui cessèrent totalement de se faire exorciser. Tout comme il faut souvent aider ces "malades" à prier, à se rendre à l'église et à s'approcher des sacrements, car ils n'y parviennent pas tout seuls, il convient également de les inciter à se soumettre aux exorcismes, surtout au moment de la phase finale, et de les encourager continuellement.

La fatigue physique et un certain sentiment de démoralisation dû à la lenteur des événements amplifient indubitablement ces problèmes et donnent l'impression que le mal est désormais devenu incurable. Le démon cause quelquefois des troubles physiques, mais surtout psychiques, qu'il faut soigner par voie médicale même après la guérison. Les guérisons complètes, sans séquelles, sont néanmoins possibles.

4. *Après la délivrance.* Il est fondamental que la personne délivrée ne ralentisse pas son rythme de prière, de fréquentation des sacrements, et tienne son engagement de mener une vie chrétienne. Une bénédiction de temps à autre ne sera pas superflue. Car il arrive assez fréquemment que le démon attaque à nouveau, c'est-à-dire essaye de revenir. Il ne faut à aucun prix lui ouvrir la porte. Plus que de convalescence, peut-être vaudrait-il mieux parler d'une phase de consolidation indispensable pour rendre la délivrance définitive.

J'ai eu quelques cas de rechute : lorsqu'il n'y avait pas eu négligence de la part du sujet et que celui-ci avait continué de maintenir un rythme de vie spirituelle intense, la seconde délivrance fut relativement facile. En revanche, à partir du moment où la rechute avait été favorisée par l'abandon de la prière et, pire encore, par l'instauration d'un état de péché habituel, la situation n'avait fait qu'empirer, comme le raconte l'Évangile selon Matthieu (12,43-45) : le démon revient accompagné de sept esprits pires que lui.

Le lecteur n'aura pas manqué de retenir la notion selon laquelle le démon fait tout pour dissimuler sa présence. Nous l'avons dit et répété. Cette observation permet déjà (mais ne suffit certainement pas) de distinguer la possession de certaines formes de maladies psychiques où le patient fait tout pour attirer l'attention. Le comportement du démon se situe complètement à l'opposé.

LE TÉMOIGNAGE D'UNE VICTIME

Ce chapitre, que je n'ai pas écrit, est un témoignage d'une rare clarté. L'exorciste aura beau être le meilleur du monde, il ne pourra jamais se mettre à la place des possédés et ressentir ce qu'ils éprouvent. La plus faible infestation cache des souffrances que le patient a lui-même du mal à décrire. C'est donc sur ce point que G.G.M. a porté ses efforts : tenter d'exprimer l'inexprimable, certain d'être compris avant tout par ceux qui sont victimes d'un mal identique.

«Tout commença après mon seizième anniversaire. J'étais auparavant un garçon heureux, sans souci majeur et plutôt joyeux, même si j'étais continuellement sous surveillance et si l'on me disait à tout moment : "Nous faisons ceci, et toi?" – "Nous allons là, et toi?" Je ne comprenais pas pourquoi, mais à cette époque, cela ne me posait aucun problème. J'habitais une petite ville maritime : la mer, l'aube et la campagne m'apportaient une aide considérable et me permettaient d'éviter de sombrer dans la mélancolie.

«A 16 ans, je déménageai à Rome, oubliai l'Église et commençai à rechercher tout ce qui, dans une grande ville, peut attirer un étranger, à savoir toutes les situations extrêmes qui n'existent même pas dans un petit village. Je fis rapidement la connaissance de drogués, de vagabonds, de voleurs, de filles faciles, etc. J'éprouvais une certaine hâte à plonger dans tout ce "bruit" qui me changeait énormément de la paix dont j'avais bénéficié jusqu'alors. J'entamai donc une nouvelle existence artificielle, trépidante, répu-gnante.

«J'avais un père extrêmement sévère qui surveillait le moindre de mes mouvements et se fâchait constamment avec moi. La somme de toutes ces brouilles et de toutes les humiliations qu'il m'infligeait me propulsa comme un ressort sur la route. Je quittai mon foyer, connus la faim, le froid, le manque de sommeil et la méchanceté. Je fréquentai des femmes de mœurs légères et nouai des amitiés lourdes à assumer. Très vite une question sans réponse surgit en moi : Pourquoi vivais-je? Pourquoi me retrouvais-je sur la route? Pourquoi étais-je ainsi, alors que les autres avaient la force de travailler et de sourire?

«Je fréquentais à l'époque une jeune fille qui croyait que le mal était plus fort que le bien; elle parlait de sorcières, de magiciens et écrivait des choses renversantes. Je pensais qu'elle était très intelligente, car il était hors de portée d'un être humain de faire toutes ces conjectures sur le monde et la vie en général. Je lus tous ses cahiers, puis lui ordonnai de les brûler devant moi parce qu'ils ne parlaient que de mal et que j'avais un peu peur de conserver de tels feuillets à la maison. Cette jeune fille me haït terriblement sans que je sache réellement pourquoi; j'essayai de l'aider à sortir de ce tunnel noir, mais en vain : elle se moqua de moi et du bien que je lui offrais.

«Je revins chez moi, me mis avec une autre jeune fille pire que la première et passai plusieurs années dans la tristesse, malheureux et poursuivi par tous ceux que je connaissais; une sorte d'obscurité m'entourait, j'avais perdu le sourire et les larmes étaient toujours prêtes à m'inonder le visage. J'étais désespéré et je me demandai une fois encore : "Pourquoi vivre? Qui suis-je? Que fait l'homme sur la terre?" Bien entendu, cela n'intéressait personne autour de moi et j'en vins, dans un moment de désespoir intense, à m'exclamer d'une voix faible au plus profond de moi : "Mon Dieu, je suis perdu! Me voici devant Toi... au secours!" Il semble que l'on m'écouta; quelques jours après, la jeune fille avec laquelle je vivais entra dans une église, communia et se convertit en un temps record.

«Je fis de même pour ne pas être en reste, et j'arrivai dans une église où se déroulait une procession dédiée à la Vierge de Lourdes; on me demanda d'aider à porter la statue : au début je n'osai pas, puis je m'exécutai et en retirai beaucoup de fierté. Je communiai et fus surpris par la bonté et la compréhension de mon confesseur.

«Je sortis de là en me disant : "J'y suis arrivé; je suis retourné vers le bien." Et même si je ne savais pas ce qu'était le bien, je sentais qu'il en était ainsi.

«Quelques semaines après, j'entendis parler de Medjugorje où la Vierge apparaissait depuis 1981. Je partis immédiatement en compagnie de mon amie, poussé par je ne sais quel prodige. Nous revînmes pleinement vers l'Église, changeâmes de vie, aimant Dieu plus que nous-mêmes, au point qu'elle décida d'entrer dans les ordres et que je pensai pour ma part au sacerdoce. Je ne contenais plus ma joie d'avoir enfin une raison de vivre et de savoir que ma vie ne s'arrêtait pas là.

«Mais ce n'était que le début : "quelqu'un", en effet, n'était pas du tout satisfait de cette situation. Plusieurs années passèrent, puis je partis à nouveau à Medjugorje. De retour à Rome, je commençai à percevoir l'écho de cette obscurité qui enveloppait mon âme avant de découvrir Dieu. En l'espace de quelques semaines, cette sensation que je mettais au compte de la tyrannie de mon père, des mauvaises conditions dans lesquelles j'avais vécu pour diverses raisons et d'une souffrance que je croyais commune à tout le monde sans réaliser que j'étais le seul à la ressentir, cette sensation, disais-je, devint réalité. Je commençai à souffrir comme jamais; je transpirais, j'avais de la fièvre et toutes mes forces m'avaient abandonné, au point que je ne réussissais même plus à manger et qu'il fallut me nourrir à la cuiller.

«J'avais l'impression de souffrir autrement que par mon corps qui, en effet, était devenu comme étranger à ces événements. J'éprouvais un désespoir intense et je voyais – qui sait avec quels yeux? – des ténèbres qui obscurcissaient non pas la pièce où je me trouvais ou bien le lit sur lequel j'étais désormais allongé depuis des mois, mais l'avenir, les possibilités de vie, l'espoir du lendemain. J'étais comme tué par un couteau invisible, et je sentais que celui qui tenait ce couteau me haïssait et désirait plus que ma mort. C'est très difficile à expliquer avec des mots, mais c'était exactement comme je l'ai dit.

«Au bout de quelques mois, j'étais devenu fou, je ne raisonnais plus et l'on voulait m'interner; je ne savais plus ce que je disais, car je vivais alors dans une autre dimension : celle de ma souffrance.

«J'étais comme séparé de la réalité. C'était comme si je n'avais été présent dans le temps que par mon corps, mon âme se trouvant ailleurs, dans un lieu horrible où la lumière ne pénètre pas et où l'espoir n'existe pas.

«Je demeurai de longs mois ainsi, entre la vie et la mort et ne sachant plus quoi penser. Je perdis des amis, des parents et la compréhension de ma famille. J'étais en dehors du monde : ils ne me comprenaient plus et je ne pouvais pas leur en vouloir, sachant très bien ce que j'avais en moi mais que je n'aurais jamais réussi à décrire. J'oubliai presque Dieu, et même si je m'adressais à Lui par des pleurs et des gémissements interminables, je Le sentais loin de moi, à une distance mesurable non pas en kilomètres, mais en négations : quelque chose disait non à Dieu, au bien, à la vie, à moi-même. J'eus envie de me rendre à l'hôpital, car je supposais que ma fièvre persistante devait avoir une cause physique, et qu'une fois guérie, j'allais me sentir mieux; et puis il fallait bien que je fasse quelque chose.

«A Rome, aucun hôpital n'accepta de me garder à cause de ma fièvre. J'en dénichai finalement un à 300 km, où je restai vingt jours pendant lesquels on me fit toutes sortes d'examens et de prélèvements. Je quittai l'hôpital avec un dossier clinique à faire pâlir d'envie un athlète : j'étais selon eux frais comme un gardon, mais une petite note mentionnait toutefois que nul ne s'expliquait ni ma fièvre ni mon visage bouffi et cadavérique.

«J'étais blanc comme un linge. A peine sorti de l'hôpital, où tous mes maux s'étaient légèrement atténués, je traversai une crise très violente, vomis à plusieurs reprises, souffris tout ce qu'il est possible à un homme d'endurer et me retrouvai à un endroit inconnu de la ville ; je ne sus jamais comment je fis pour y arriver; mes jambes marchaient toutes seules, mes bras bougeaient indépendamment de ma volonté, comme le reste de mon corps. C'était une sensation effrayante : je commandais à mes membres qui ne m'obéissaient plus. Je ne souhaite à personne de faire cette expérience.

«Et comme si cela ne suffisait pas, l'obscurité revint et s'étendit cette fois à mon corps, en plus de mon âme. Je voyais tout comme s'il faisait nuit noire, alors que je me trouvais en plein jour. Ma souf-france atteignit son comble. Je me mis à crier, à me tordre par terre comme si le feu avait pénétré en moi et j'invoquai la Vierge en ces termes : "Maman, maman, prends pitié... Sainte Vierge, je t'en supplie! Sainte Mère, de grâce, laisse-moi mourir!" Les douleurs ne se calmèrent pas et je souffris tellement que je perdis même le sens de l'orientation et que, rasant les murs, je parvins à une cabine téléphonique. Je réussis à composer le numéro en me cognant la tête contre les vitres et l'appareil. La seule personne que je connaissais me répondit et vint me chercher pour me ramener à Rome. Avant qu'elle n'arrive, je compris, comme si on me l'avait soufflé, que j'avais vu l'enfer; je ne l'avais pas touché, je n'y avais pas vécu, je l'avais juste aperçu de loin. Cette expérience transforma beaucoup plus mon existence que la conversion de Medjugorje.

«Je ne pensais pas, à ce moment-là, à des inter-ventions ultra-terrestres et je trouvais toujours des explications psychologiques parfaites à ce qui s'était produit : inadaptation, père tyrannique, traumatismes infantiles, chocs émotionnels, etc. Ayant suivi des

cours de psychologie durant cinq ans en tant qu'auto-
didacte, j'avais réussi à définir un schéma selon
lequel il était normal que je souffre.

«Le jour de la fête de Notre-Dame du Bon
Conseil (et c'est la raison pour laquelle j'y ai cru, car
je l'avais invoquée), un religieux me suggéra de téléphoner à un responsable charismatique qui agissait
sous la tutelle étroite d'un évêque et qui possédait le
don de la connaissance. Celui-ci me dit : "On t'a jeté
un sort mortel pour toucher ton esprit et ton cœur,
et il y a huit mois, tu as mangé un fruit frappé par
un maléfice." J'éclatai de rire, n'en croyant pas un
mot, mais en y réfléchissant par la suite, je sentis
l'espoir renaître en moi.

«J'avais oublié cette sensation et je songeai au
fruit mentionné et à ce qui s'était passé huit mois
auparavant. "C'est vrai, dis-je, j'ai bien mangé ce
fruit", et je me rappelai même que je ne voulais pas
le manger, par répulsion instinctive à l'égard de la
personne qui me l'offrait. Tout coïncidait : je décidai alors de suivre le traitement qui m'avait été
conseillé, à savoir les bénédictions.

«Je me mis à la recherche d'un exorciste et, après
avoir été la risée des prêtres ou des évêques et subi
leurs humiliations (découvrant ainsi une Église défi-
gurée par ses propres serviteurs), je me retrouvai
chez le Père Amorth. Je me souviens parfaitement
de ce jour. J'ignorais encore ce qu'était une bénédiction : je pensais à un signe de croix, comme celui
que fait le prêtre à la fin de la messe. Je m'assis, il
me mit son étole autour des épaules et posa l'une de
ses mains sur ma tête : il commença à prier en latin
et je ne comprenais rien. Au bout de quelques instants, une rosée fraîche, voire glacée, m'envahit tout

le corps, de la tête aux pieds. Pour la première fois depuis presqu'un an, la fièvre me quittait. Je ne dis rien. Il continua et, petit à petit, l'espoir revint en moi, la lumière du jour redevint lumière, le chant des oiseaux ne ressembla plus à celui des corbeaux et les bruits extérieurs, redevenus de simples bruits, perdirent leur caractère obsédant; je vivais en effet avec des boules Quies enfoncées en permanence dans les oreilles, car le moindre bruit me faisait sursauter.

«Le Père Amorth me dit de revenir et une fois dehors, j'éprouvai une formidable envie de sourire, de chanter et de profiter de la vie : "Quelle merveille! pensais-je, c'est fini!" C'était vrai, tout ce que j'avais éprouvé était vrai : c'était bien la colère de "quelqu'un" qui me haïssait et non pas la folie dans laquelle j'avais sombré, qui m'avait causé tout ce mal. "C'est vrai, me répétais-je à moi-même dans la voiture, tout cela est bien vrai." Trois ans se sont aujourd'hui écoulés et, progressivement, une bénédiction après l'autre, je redevins normal et je découvris que le bonheur naissait de Dieu et non pas de nos conquêtes ou de nos aspirations.

«Le mal, la soi-disant malchance, la tristesse, l'angoisse, le tremblement des jambes, la tension des nerfs, la dépression nerveuse, l'insomnie, la peur de la schizophrénie ou de l'épilepsie (j'ai effectivement eu plusieurs crises) et les innombrables maladies dont j'étais victime disparurent au son d'une simple bénédiction.

«Cela fait maintenant trois ans que j'accumule preuve sur preuve me permettant d'affirmer que le démon existe, qu'il agit beaucoup plus que les gens veulent bien le croire et qu'il fait tout pour rester caché et nous persuader que nous souffrons de ceci ou de cela, alors que c'est lui l'auteur de tous nos maux et qu'il tremble devant un prêtre tenant un aspersoir.

«J'ai voulu décrire ces événements afin d'inciter ceux qui les liront à considérer cet aspect de notre vie dont j'ai malheureusement fait la triste expérience. Je suis finalement très heureux que Dieu ait permis cette immense épreuve, car je commence aujourd'hui à récolter les fruits de tant de souffrances. Mon âme est plus pure et je vois ce que je ne distinguais pas auparavant. Je suis surtout moins sceptique et plus attentif à la réalité qui m'entoure. Je croyais que Dieu m'avait abandonné, alors qu'Il n'a jamais été plus proche de moi qu'à ces moments-là, me préparant à Le rencontrer.

«Par cet écrit, j'entends aussi encourager ceux qui sont malades comme je l'ai été à ne pas désespérer, car même si cela paraît évident, il ne faut pas croire une seconde à cette évidence, c'est-à-dire que Dieu nous abandonne. Il n'en est rien, et l'on finit tôt ou tard par en avoir la preuve. Il suffit de persévérer, même si cela prend des années. Je dois en outre préciser une chose : les bénédictions ont un effet d'autant plus intense que c'est la volonté de Dieu, et qu'elles ne dépendent pas de la volonté de l'exorciste ou de l'exorcisé. D'après ma propre expérience, cette intensité dépend beaucoup plus du désir de conversion du sujet que des pratiques exorcistes. La confession et la communion équivalent à un grand exorcisme. Les confessions en particulier, et à condition d'être bien faites, m'ont immédiatement délivré des tourments susmentionnés, et j'ai trouvé dans les communions une douceur nouvelle dont je ne soupçonnais même pas l'existence.

«Il y a très longtemps, bien avant toutes ces souffrances, je me confessais et je communiais, mais je n'éprouvais alors aucune douleur et je ne voyais pas ce contre quoi je m'immunisais, si je puis m'exprimer ainsi. Maintenant je le sais et j'invite notamment les sceptiques à croire que Dieu est réellement présent à la porte du confessionnal et dans l'hostie que l'on reçoit souvent distraitement.

«Je les invite également à *croire*, avant que "quelqu'un" les force à le faire, comme cela m'est arrivé. Je m'adresse enfin aux pauvres entre les pauvres (car nul ne l'est plus qu'eux), aux possédés, aux victimes de Satan qui se sert de leurs propres relations pour les tuer ou les opprimer. Ne perdez pas la foi, ne désespérez pas, ne soumettez pas votre volonté aux suggestions violentes et aux fantasmes que le Malin vous présente.

«Car tel est son véritable but et non celui d'infliger des souffrances ou de faire du mal. Il ne vise pas notre douleur mais quelque chose de plus, à savoir la défaite de notre âme en nous amenant à déclarer : "Ça suffit, je suis vaincu, je ne suis plus qu'un jouet à la merci du mal. Dieu n'est pas capable de me délivrer. Dieu oublie ses fils s'Il permet de telles souffrances. Dieu ne m'aime pas, le mal est plus fort que Lui." Voici la véritable victoire du mal contre laquelle il convient de s'insurger, et ce même si la douleur nous a fait perdre la foi. "Nous voulons vouloir la foi". Nous voulons vouloir : cette volonté, le démon ne peut pas y toucher car c'est la nôtre; ce n'est ni celle de Dieu ni celle du Diable mais bien la nôtre, car Dieu nous en a fait don au moment de notre création; nous devons par conséquent toujours dire non à quiconque veut nous la détruire, et croire (comme saint Paul) qu'"au nom de Jésus-Christ, tout genou fléchit dans les cieux, sur la terre et sous la terre".

«C'est notre seul salut. Si nous ne croyons pas fermement, le mal qui nous est infligé, que ce soit par des maléfices ou des sorts, peut durer des années, sans espoir d'amélioration. Je suis de plus en mesure d'affirmer à ceux qui pensent être devenus fous et ne distinguent pas la moindre issue que ce mal s'efface après de nombreuses bénédictions, comme s'il n'avait jamais existé. Voilà pourquoi il ne faut pas le redouter, mais louer Dieu pour la croix qu'Il permet. Car après l'épreuve vient la résurrection, comme le jour vient après la nuit; tout a été créé de cette manière. Dieu ne ment pas et Il nous a choisis pour accompagner Jésus au jardin de Gethsémani, pour partager sa douleur et ressusciter avec lui.

«Je dédie ce témoignage à Marie Immaculée, afin qu'elle le fasse fructifier pour le bien de mes frères dans la douleur. Je réponds par l'amour, le pardon, le sourire et la bénédiction à tous ceux qui ont été les instruments du Diable pour me faire souffrir le martyre. Je prie pour que ma souffrance leur fasse entrevoir la lumière que j'ai moi-même reçue gratuitement de notre merveilleux Seigneur.»

G.G.M.

LES EFFETS DE L'EXORCISME

Si la personne avait des négativités, que ces dernières se manifestent de manière spécifique ou non durant l'exorcisme, le sujet en éprouve souvent immédiatement les bienfaits. On ne tient habituellement pas compte du jour où l'exorcisme a été pratiqué et des phénomènes qui se sont produits alors: sensations de bien-être ou malaises, étourdissement ou somnolence, apparition de bleus ou disparition de douleurs; tout cela n'a pas d'importance. Il est en revanche essentiel d'évaluer les conséquences de l'exorcisme à partir du jour suivant. Dans certains cas le patient va mal pendant un ou deux jours, puis son état s'améliore; il ressent généralement tout de suite un bienfait, qui peut durer quelques jours ou bien très longtemps, en fonction de la gravité du mal. Lorsque le sujet ne présente aucun signe de négativité au cours de la bénédiction et qu'il ne constate aucun effet après, cela signifie le plus souvent qu'il n'a pas la moindre négativité; ses troubles ont une autre origine. Mais l'exorciste peut l'inviter à recevoir une autre bénédiction s'il a des raisons de soupçonner que le démon est resté dissimulé.

Il est par ailleurs intéressant de noter ce qui se passe lors des bénédictions ultérieures, sur le plan du comportement du patient au moment de l'exorcisme et des conséquences de ce dernier. Il arrive parfois que l'influence maléfique révèle toute son ampleur, grande ou faible, dès la première séance ; on assiste alors à une atténuation progressive des phénomènes. Dans d'autres cas, par contre, c'est comme si la perturbation maléfique essayait de se cacher et n'apparaissait complètement que petit à petit ; puis vient la phase de régression. Je me souviens par exemple d'un adolescent qui, durant le premier exorcisme, n'avait donné que de petits signes de négativité; la deuxième fois, il commença à hurler et à se démener. Bien que son cas ait été plus sérieux que beaucoup d'autres, quelques mois d'exorcismes suffirent à le délivrer.

La collaboration du patient joue un rôle fondamental dans la réussite de l'exorcisme. J'ai l'habitude de dire que les exorcismes n'engendrent que 10 % des effets, et la personne concernée, les 90 % restants. Comment cela? Par beaucoup de prières, la fréquentation des sacrements, une existence conforme aux lois de l'Évangile, l'usage des sacramentaux (nous parlerons bientôt de l'eau, de l'huile et du sel exorcisés), en faisant prier les autres (les prières de toute une famille, d'une communauté paroissiale ou religieuse, des groupes de prière, etc., s'avèrent particulièrement efficaces) et célébrer des messes. Les pèlerinages et les œuvres de charité sont aussi très utiles. Mais il faut avant tout prier soi-même avec ferveur et établir une relation étroite avec Dieu de manière à ce que la prière devienne habituelle. Ayant souvent affaire à des gens assez peu familiarisés avec les pratiques religieuses, j'ai trouvé extrêmement efficace de les intégrer effectivement dans une paroisse ou un groupe de prière comme ceux du Renouveau.

Afin de démontrer ce besoin de collaboration, je fais souvent la comparaison avec la drogue : il s'agit d'une situation complètement différente, mais que tout le monde connaît bien de nos jours. Chacun sait qu'un drogué peut guérir, mais à deux conditions : il faut l'aider (en l'insérant dans une communauté thérapeutique, ou bien d'une autre façon), parce qu'il n'y arrive pas tout seul. Il doit par ailleurs collaborer activement, en fournissant des efforts personnels, sans quoi toute aide s'avère inutile. Dans le cas qui nous intéresse, l'aide personnelle est apportée sous la forme mentionnée plus haut.

Et si les fruits directs des exorcismes, à savoir la délivrance, sont excessivement lents à recueillir, j'ai en contrepartie assisté à des conversions rapides : des familles entières engagées dans une pratique chrétienne vécue de façon intense et rassemblées par une prière commune (très souvent le rosaire). J'ai vu des obstacles à la guérison être surmontés avec une immense générosité : il s'agissait parfois d'une situation matrimoniale irrégulière, ou bien de l'impossibilité de pardonner certains torts causés ou de se réconcilier avec des personnes (la plupart du temps, des parents proches) avec lesquelles tout contact avait été rompu.

Il convient d'accorder une attention particulière à ce qui constitue l'un des préceptes évangéliques les plus durs, et ce en raison de son efficacité : le pardon accordé à ses ennemis. Dans le cas présent, les ennemis sont la plupart du temps ceux qui ont jeté le maléfice et qui, parfois, continuent de le faire. Un pardon sincère, une prière à leur adresse et la célébration de messes en leur faveur, tous ces moyens ont déjà permis de débloquer la situation et d'accélérer la guérison.

Citons, parmi les effets de l'exorcisme, la guérison de maux et de maladies quelquefois qualifiés d'incurables. Il peut s'agir de douleurs inexplicables affectant diverses parties du corps (surtout, répétons-le, la tête et l'estomac), mais aussi de maladies spécifiques, diagnostiquées avec précision par les médecins, mais non guéries ou bien déclarées incurables par ces derniers. Le démon détient ce pouvoir de provoquer des maladies. L'Évangile nous parle d'une femme que le démon tenait voûtée depuis dix-huit ans (déformation de la colonne vertébrale?). Jésus la guérit en chassant le démon, tout comme il guérit de la même manière un sourd-muet réduit à ce triste état par un maléfice. Jésus guérit à plusieurs reprises des personnes rendues sourdes et muettes par des présences maléfiques. L'Évangile distingue très clairement les malades des possédés, même si certains cas peuvent paraître identiques.

Quels sont les malades les plus sérieusement atteints? Les plus difficiles à guérir? Je sais par expérience que ce sont ceux qui ont été victimes de sorts particulièrement graves.

Je me rappelle par exemple le cas de plusieurs personnes qui avaient été frappées par un sort au Brésil (les fameux "macumbas"). J'en ai béni d'autres auxquelles des sorciers africains avaient jeté des sorts. Tous ces cas sont excessivement complexes. Sans oublier les sorts visant des familles entières pour les détruire; on est parfois confronté à des situations tellement compliquées que l'on ne sait pas par où commencer. Les sujets périodiquement frappés par de nouveaux sorts s'avèrent aussi extrêmement longs à guérir : l'exorcisme est plus fort que le sort, si bien que la guérison se produit forcément un jour, mais elle peut être retardée pendant très longtemps.

Qui sont les plus touchés? Je répondrai sans hésitation : les jeunes.

Il suffit de repenser aux occasions mentionnées plus haut et dont le démon profite pour intervenir sur une personne pour comprendre qu'aujourd'hui, faute de foi et d'idéaux, les jeunes sont les plus exposés à faire des "expériences" désastreuses. Même les enfants courent de très grands risques, non pas qu'ils soient le moins du monde coupables, mais en raison de leur faiblesse. Combien de fois, en exorcisant des sujets d'âge mûr, ai-je découvert que la présence démoniaque remontait à la prime enfance, voire au moment de la naissance ou même avant, pendant la gestation.

On m'a plusieurs fois fait remarquer que je bénissais davantage de femmes que d'hommes. Et c'est le cas de tous les exorcistes. Il ne faudrait pas en conclure pour autant que la femme est plus exposée aux attaques du Malin. Hommes et femmes sont logés à la même enseigne. La vérité est que les femmes sont beaucoup plus enclines à recourir aux bénédictions d'un exorciste. Bon nombre d'hommes, tout en ayant la certitude d'être touchés, ne veulent pas entendre parler de prêtre.

Et j'ai connu davantage d'hommes que de femmes qui, quand je leur demandai de changer de vie, refusèrent. Ils ne donnèrent bien entendu plus jamais signe de vie, mais étaient parfaitement conscients de leur mal. L'obstacle majeur résidait dans le passage d'un athéisme confortable à une foi vécue, ou d'une existence de péché à une vie de grâce.

Je ne cacherai pas que *la guérison de ce mal requiert un engagement total sur la voie d'une vie chrétienne intense.* Mais je crois que c'est justement là l'un des motifs pour lesquels Dieu le permet.

Combien de fois ai-je entendu mes patients m'avouer que leur foi était très faible et leur vie de prière quasi inexistante. S'ils se sont rapprochés de Dieu, très souvent au prix d'un immense apostolat, ils ont reconnu le devoir au mal qui les avait frappés. Nous sommes beaucoup plus attachés à cette terre et à cette vie que nous ne l'imaginons; le Seigneur voit en revanche plus loin et veille à notre bien éternel.

De son côté l'exorciste, en procédant à ses bénédictions, ne se contentera pas d'inciter le patient à prier et à employer tous les autres moyens déjà évoqués, mais fera tout son possible pour agacer, affaiblir et épuiser le démon. Le Rituel préconise d'ailleurs d'insister sur les expressions auxquelles le démon réagit le plus (elles varient selon les individus et les jours).

Mais il existe aussi d'autres procédés. Certains ne supportent pas d'être aspergés d'eau bénite; d'autres sont exaspérés par le souffle, auquel on a recours depuis l'époque patristique, comme le rapporte Tertullien; d'autres encore ne supportent pas l'odeur de l'encens, qui s'avère ainsi très utile; d'autres enfin souffrent au moindre son d'orgue, de musique sacrée

ou de chant grégorien. Il s'agit de moyens auxi-
liaires dont nous avons testé l'efficacité.

Et comment le démon se comporte-t-il au fil des
exorcismes? J'ajouterai une chose à ce qui a déjà été
dit à ce propos. Le démon souffre et fait souffrir.
La souffrance qu'il éprouve au cours des exorcismes
est inimaginable. Un jour le Père Candido demanda
à un démon s'il y avait du feu en enfer, un feu qui
brûle pour de bon. Le démon lui répondit : «Si tu
savais quel feu tu es pour moi, tu ne me poserais pas
cette question.» Il ne s'agit certes pas du feu
terrestre, provoqué par la combustion de matières
inflammables, mais on s'aperçoit que le démon brûle
au contact d'objets sacrés comme des crucifix ou des
reliques et de l'eau bénite.

Il m'est arrivé plusieurs fois d'entendre le démon
reconnaître qu'il souffrait davantage pendant les
bénédictions qu'en enfer. Et quand je lui demande :
«Dans ce cas pourquoi ne vas-tu pas en enfer?», il
me rétorque : «Car pour moi, seul le fait de tourmenter cette personne compte.» On voit bien ici la
véritable perfidie du Diable : le démon sait très bien
qu'il ne retirera aucun profit mais qu'il sera au
contraire puni par une augmentation de sa peine
éternelle pour chacune des souffrances qu'il inflige.
Et malgré cela, au risque d'y être perdant, il ne
renonce pas à faire du mal pour le seul plaisir de
faire du mal.

Les noms mêmes des démons indiquent, comme
pour les anges, leur fonction. Les principaux démons
portent des noms bibliques ou issus de la tradition :
Satan ou Béelzéboul, Lucifer, Asmodée, Zabulon...

D'autres noms désignent plus précisément le but
qu'ils se sont fixé : Destruction, Perdition, Ruine...,

ou bien des troubles spécifiques : Insomnie, Terreur, Discorde, Envie, Jalousie, Luxure...

Lorsqu'ils quittent une âme, les démons sont la plupart du temps voués à l'enfer, mais quelquefois aussi attachés dans le désert (cf. dans le livre de Tobie, le sort d'Asmodée enchaîné dans le désert par l'Archange Raphaël). Je les oblige toujours à se rendre au pied de la croix pour connaître la destination que Jésus-Christ, seul Juge, leur a réservée.

EAU, HUILE, SEL

Parmi tous les moyens auxquels les exorcistes (et les autres prêtres) ont largement recours, citons en premier lieu *l'eau exorcisée* (ou tout au moins bénite), *l'huile* (d'olive) *exorcisée* et *le sel exorcisé*. N'importe quel prêtre peut réciter les prières du Rituel pour exorciser ces trois éléments, aucune autorisation particulière n'étant en effet requise. Mais il est *essentiel de connaître l'usage spécifique de ces trois sacramentaux* qui, employés avec foi, s'avèrent d'une très grande utilité.

L'eau bénite occupe une place fondamentale dans tous les rites liturgiques. Son importance nous renvoie instantanément à l'aspersion baptismale. Au cours de la prière de bénédiction, on prie le Seigneur pour que l'aspersion de cette eau nous procure les trois bienfaits suivants : le pardon de nos péchés, notre défense contre les pièges tendus par le Malin et le don de la protection divine.

La prière d'exorcisme de l'eau parle d'éliminer la moindre parcelle de pouvoir du démon afin de l'extirper et de le chasser, puis souligne également d'autres effets comme de guérir des maladies, d'accroître la grâce divine, de protéger les maisons et les lieux où les fidèles se tiennent de toute influence immonde exercée par l'effroyable Satan. Et elle ajoute : que les pièges de l'ennemi infernal soient déjoués et que la sérénité et la santé des habitants soient garanties en les protégeant de toute présence susceptible de nuire à leur sécurité ou à leur quiétude.

L'huile exorcisée, utilisée avec foi, permet également d'anéantir la puissance des démons, leurs attaques et les fantasmes qu'ils suscitent. Elle profite en outre à la santé de l'âme et du corps; rappelons simplement l'ancien usage qui consistait à enduire les blessures d'huile, et le pouvoir de guérir les malades par l'imposition des mains et l'onction d'huile que Jésus conféra aux apôtres. L'huile exorcisée a par ailleurs la propriété spécifique de débarrasser le corps de ce qui lui est néfaste. Il m'est très souvent arrivé de bénir des personnes qui avaient été victimes de sorts en mangeant ou en buvant quelque chose de maléfique. On le déduit facilement de ce mal d'estomac caractéristique que nous avons déjà mentionné, ou bien de la façon particulière qu'ont ces sujets d'éructer ou d'exploser par une forme de hoquet ou de râle au moment d'accomplir certaines actions religieuses : quand ils vont à l'église, quand ils prient mais surtout quand ils sont exorcisés.

Dans ces cas-là l'organisme, pour se libérer, doit évacuer tout ce qu'il contient de maléfique. L'huile exorcisée aide énormément l'organisme à entraîner et à délivrer le corps de ces impuretés. On peut aussi, à cette fin, boire de l'eau bénite.

Il convient d'apporter quelques précisions sur ce point, même si ceux qui ne connaissent pas bien ces phénomènes ou qui n'y ont jamais assisté auront du mal à croire ce que je vais dire. Qu'est-ce qui est expulsé? De la salive épaisse et écumeuse, une sorte de bouillie blanche et granuleuse ou bien les objets les plus variés : clous, morceaux de verre, petites poupées en bois, brins de corde noués, fils de fer enroulés, fils de coton de différentes couleurs, caillots de sang... Ces choses sont parfois évacuées par les voies naturelles, mais la plupart du temps en vomissant. Notons que cela ne provoque jamais le moindre dommage à l'organisme (qui est au contraire soulagé), même lorsqu'il s'agit de morceaux de verre coupants. Le Père Candido possède un petit panier rempli de ce type d'objets rejetés par diverses personnes. Dans d'autres cas, l'expulsion demeure un mystère; le sujet éprouve par exemple une douleur abdominale comme s'il avait un clou dans l'estomac, puis trouve un clou par terre, à côté de lui, et la douleur disparaît. On a l'impression que tous ces objets se matérialisent à l'instant précis où ils sont évacués. Le Père Candido affirma lors d'une interview : «J'ai vu des gens rejeter des morceaux de verre, de fer, des cheveux, des os; quelquefois de petits objets en plastique ayant la forme d'une tête de chat, de lion ou de serpent. Ces étranges objets ont certainement un rapport avec l'origine de la possession diabolique.»

Le sel exorcisé sert lui aussi à chasser les démons et à préserver la santé de l'âme et du corps. Mais sa propriété spécifique consiste à protéger les lieux des influences ou des présences maléfiques. Je conseille habituellement de répandre du sel exorcisé sur le seuil de la maison et aux quatre coins de la pièce ou des pièces qui sont soupçonnées d'être infestées.

Le "monde catholique incrédule" rira peut-être de ces affirmations. Il est certain que l'action des sacramentaux est d'autant plus efficace que la foi est grande, autrement ils s'avèrent souvent inefficaces.

Vatican II, en reprenant les termes du Droit Canon (canon 1166), les définit comme «des signes sacrés permettant, par une certaine imitation des sacrements, d'obtenir des effets essentiellement spirituels moyennant l'intercession de l'Église». Quiconque les utilise avec foi obtient des résultats inespérés. Je sais que beaucoup de maux rebelles aux médicaments ont disparu uniquement parce que l'intéressé avait fait au-dessus d'eux un signe de croix avec de l'huile exorcisée.

En ce qui concerne les maisons (dont nous parlerons plus tard), il s'avère particulièrement efficace de faire brûler de *l'encens bénit*.

L'encens a toujours été considéré, y compris chez les peuples païens, comme un antidote contre les esprits malins et un moyen de louer et d'adorer la divinité. Bien que son emploi liturgique soit désormais extrêmement réduit, il demeure néanmoins un moyen efficace de louer Dieu et de lutter contre le Malin.

Le Rituel renferme une bénédiction spéciale pour les *vêtements*. Nous en avons à plusieurs reprises constaté l'efficacité chez des personnes frappées par des présences maléfiques. D'autre fois, cela constitua un test pour déterminer si le sujet était oui ou non victime de présences diaboliques. Ceci est également bon à savoir. Nous sommes très souvent, nous les exorcistes, consultés par des gens (parents,

fiancés...) qui soupçonnent l'un de leurs proches
d'être victime du démon; malheureusement cette
personne ne croit pas à ces choses, est la plupart du
temps dépourvue de toute foi religieuse et n'est de
toute façon pas disposée à recevoir la bénédiction
d'un prêtre. Que faire dans ces cas-là? Il arrive
parfois que, certains de ses vêtements ayant été bénis,
l'individu en question se les arrache immédiatement
après les avoir enfilés, ne supportant pas leur
contact. Nous en avons donné un exemple précédemment. On peut aussi faire le test de l'eau bénite.
Par exemple, une mère ayant des doutes à propos
d'un de ses enfants ou de son mari, prépare pour tout
le monde une soupe, ou bien du thé ou du café, avec
de l'eau bénite. La personne concernée peut alors
trouver cet aliment amer ou immangeable, mais sans
savoir pourquoi.

Soulignons cependant que ces tests ne sont
révélateurs que dans les cas positifs : quand un sujet
est sensible au fait que l'eau est bénite ou non, il y a
des raisons de croire à une présence maléfique.

Mais le raisonnement inverse est faux : le fait
qu'un individu ne réagisse pas à ce type de tests ne
permet pas d'exclure chez lui une présence maléfique. Le démon fait tout pour ne pas être découvert.

Même pendant les exorcismes le démon cherche à
se cacher; le Rituel met d'ailleurs en garde l'exorciste contre les feintes diaboliques.

Tantôt le démon ne répond pas ou bien fournit des
réponses stupides, indignes d'un esprit intelligent tel
que lui. Tantôt il feint d'être sorti du corps du
possédé et d'avoir cessé de lui causer le moindre
trouble, espérant ainsi soustraire le sujet aux béné-

dictions de l'exorciste. Tantôt il empêche par tous les moyens la personne de se soumettre aux exorcismes : il peut s'agir d'obstacles physiques ou, le plus souvent, psychiques, qui font que le patient ne se rend pas chez l'exorciste à moins d'y être forcé par un parent ou un ami.

Tantôt il imite les symptômes d'une maladie, la plupart du temps psychique, pour dissimuler sa présence et faire croire que le sujet souffre d'une maladie naturelle. Tantôt le patient a des rêves ou des visions durant lesquelles il a l'illusion que le Seigneur, la Sainte Vierge ou n'importe quel autre saint l'a délivré, si bien qu'il annule son rendez-vous chez l'exorciste, en lui faisant éventuellement savoir qu'il est déjà délivré.

Outre l'aide spécifique apportée par chacun d'eux, les sacramentaux indiqués servent également à déjouer, tout au moins en partie, les diverses ruses du Malin. Ces ruses sont innombrables et il faut beaucoup prier pour obtenir la grâce du discernement. Citons, parmi les cas les plus fréquents : ceux qui croient avoir des visions ou qui croient entendre des voix intérieures; ceux qui simulent le mysticisme ou se font passer pour des "voyants". Quand il ne s'agit pas de maladies psychiques, ces cas sont souvent le fruit de la ruse démoniaque.

Je conclus ce chapitre par un épisode concernant l'eau bénite. Un jour que le Père Candido était en train d'exorciser un possédé, le sacristain s'approcha de lui en tenant le seau et le goupillon. Le démon s'adressa immédiatement à lui : «Lave-toi la gueule avec cette eau!» Le sacristain se souvint alors qu'il avait rempli le seau au robinet et oublié de faire bénir l'eau.

EXORCISER LES MAISONS

On n'en trouve aucun exemple dans la Bible, mais l'expérience prouve que ce type d'exorcisme est dans certains cas nécessaire et que les résultats obtenus sont satisfaisants. Même le Rituel ne prévoit pas cette forme d'exorcisme. Il est vrai que la fin de l'exorcisme de Léon XIII préconise de bénir les lieux où cette prière est récitée, mais tout son contenu tend à invoquer la protection de Dieu pour l'Église contre les esprits malins, sans aucune référence aux lieux.

Je tiens à préciser tout de suite que je n'ai jamais vu d'endroits possédés par des esprits, comme certains films ou romans ont pu le raconter à propos, surtout, de vieux châteaux inhabités. Leurs auteurs avaient bien évidemment pour seul objectif de présenter des scènes spectaculaires et impressionnantes ne reposant sur aucune étude sérieuse. On est par contre souvent confronté à des bruits, des craquements ou des coups, avec l'impression d'une présence, d'être fixé, touché ou bien attaqué. Ces phénomènes peuvent bien entendu dépendre pour une large part de la suggestion, de la peur qui donne corps aux ombres.

Mais il y a des cas beaucoup plus complexes. Des portes qui s'ouvrent et se ferment à une heure donnée; des pas qui résonnent dans les couloirs; des

objets qui se déplacent ou disparaissent pour réapparaître ensuite dans les lieux les plus insensés; des
animaux que l'on ne voit pas mais que l'on entend
remuer.

Je me souviens d'une famille dont tous les
membres, à une certaine heure, entendaient la porte
d'entrée s'ouvrir et se refermer, puis un bruit de pas
lourds (d'homme) traversant le couloir avant de
s'évanouir dans une pièce, nul ne savait laquelle. Un
jour qu'un de leurs amis était présent, le bruit
habituel se fit entendre clairement, au point que cet
ami demanda qui était rentré; pour ne pas l'effrayer,
ils lui répondirent qu'il s'agissait d'un hôte de
passage. J'ai entendu parler de matérialisation d'in-
sectes, de chats et de serpents; l'un de mes patients a
même trouvé un crapaud vivant dans son oreiller !

La plupart du temps, une présence maléfique dans
un lieu se manifeste en provoquant des troubles
physiques : insomnie, maux de tête ou d'estomac,
malaise général que l'on ne ressent nulle part
ailleurs.

Il s'avère alors facile de contrôler ces phénomènes, mais plus compliqué d'en déterminer
l'origine. Prenons par exemple le cas d'une personne qui, chaque fois qu'elle est invitée chez un
parent proche ou un ami, éprouve les troubles en
question : insomnie, malaise, mal à la tête..., ces
troubles durant quelquefois plusieurs jours alors
qu'elle n'en souffre jamais ailleurs. Le contrôle est
donc facile à effectuer. La cause peut en revanche
être extrêmement variée. Il peut s'agir de suggestion
pure et simple, quand des raisons valables le laissent
supposer (lorsque par exemple une belle-fille se rend
chez sa belle-mère qui était opposée à son mariage

ou qui nourrissait un amour possessif pour son fils).
Mais il peut aussi s'agir de causes maléfiques.
Signalons brièvement qu'il est intéressant de noter
le comportement des animaux domestiques face à ces
phénomènes. Quand on sent la présence de quelqu'un dans la pièce où l'on se trouve, on voit souvent
le chien ou le chat de la maison fixer des yeux un
point précis, ou bien s'enfuir brusquement, terro-
risés, comme si cet être mystérieux s'était approché
d'eux. Je pourrais raconter nombre d'événements
passionnants à quiconque souhaiterait étudier ce sujet
plus en détail. Je me contenterai de dire qu'à mon
avis, les animaux ne distinguent rien de concret, mais
sont plus sensibles que l'homme à une présence
éventuelle. Et je ne nie pas le fait que leur comportement puisse constituer un élément déterminant
pour décider s'il convient ou non d'exorciser la
maison.

L'essentiel, lorsqu'on reçoit des gens angoissés par
ce type de phénomènes, est de bien les interroger et,
s'il y a lieu, de les exorciser. La plupart du temps,
les phénomènes susmentionnés ne sont pas dus à des
présences maléfiques dans les maisons, mais à des
présences maléfiques chez les individus en question.
Il m'est très souvent arrivé de n'obtenir aucun effet
en exorcisant la maison, puis, au fur et à mesure que
j'exorcisais la ou les personnes, de constater que les
manifestations dans la maison diminuaient, pour ensuite de disparaître complètement.

Comment exorcise-t-on une maison? Le Père
Candido et moi-même appliquons la méthode
suivante. Le Rituel renferme une dizaine de prières
où l'on demande au Seigneur de protéger les lieux

contre les présences maléfiques. On les trouve dans les bénédictions visant les maisons, les écoles, etc. Nous en récitons quelques-unes, puis nous lisons la première partie du premier exorcisme destiné aux personnes en l'adaptant à la maison. Nous bénissons ensuite chaque pièce, comme on le fait pour les maisons. Nous refaisons le même tour avec de l'encens béni, et nous terminons par d'autres prières. J'ai trouvé particulièrement efficace de célébrer la messe dans les maisons après les avoir exorcisées.

Quand les troubles sont de faible importance, un seul exorcisme suffit. Lorsqu'ils résultent d'un maléfice et que celui-ci est renouvelé, il convient de répéter l'exorcisme jusqu'à ce que la maison devienne "imperméable" aux maléfices. Dans les cas les plus graves, les difficultés sont nombreuses. J'ai par exemple dû exorciser des appartements qui avaient très longtemps abrité des séances de spiritisme, ou qui avaient été habités par des sorciers se livrant à la magie noire. Le pire était quand des cultes sataniques y avaient été célébrés. La gravité des troubles et la difficulté à obtenir une délivrance complète furent parfois telles que je conseillai à mes patients de déménager.

Dans certains cas bénins, des prières suffisent à rétablir la paix. Une famille était dérangée par d'inexplicables bruits nocturnes; elle fit célébrer dix messes, après quoi les bruits s'affaiblirent considérablement. Elle fit encore célébrer dix autres messes, et les bruits finirent par disparaître totalement. Peut-être était-ce des âmes du Purgatoire qui, par autorisation divine, ont pu se faire entendre pour que des messes soient célébrées à leur intention? Il est difficile de le dire. Je me contente ici de signaler ce fait auquel j'ai été confronté plusieurs fois.

Le Père Pellegrino Ernetti, le plus célèbre exorciste du Triveneto, très réputé également pour ses connaissances musicales et bibliques, a traité des cas excessivement graves. Chez une famille, des portes et des fenêtres parfaitement closes s'ouvraient et se refermaient, des chaises volaient, des armoires bougeaient : il en arrivait vraiment de toutes les couleurs! Le Père décida de résoudre ce cas par l'emploi simultané des trois sacramentaux auxquels les exorcistes ont constamment recours. Il conseilla donc de mélanger ensemble dans un récipient quelconque (une tasse, un verre...) de l'eau, de l'huile et du sel exorcisés. Puis il recommanda d'en verser chaque soir une cuillerée sur le rebord de toutes les fenêtres et sur le seuil de toutes les portes, en récitant chaque fois un *Notre Père*. Le remède fut foudroyant. La famille arrêta ce traitement quelque temps après : au bout d'une semaine, les inconvénients recommencèrent à troubler la quiétude domestique pour disparaître à nouveau dès la reprise du remède.

En ce qui concerne les animaux domestiques, on m'a demandé un jour s'ils pouvaient être possédés du démon et, si oui, ce qu'il fallait faire? L'Évangile nous rapporte l'histoire de la légion de démons qui demanda à Jésus la permission d'entrer dans deux troupeaux de pourceaux; après avoir obtenu une réponse positive, tous les animaux se jetèrent dans le lac de Génésareth où ils se noyèrent. J'ai connu le cas d'un exorciste maladroit qui demanda à un démon de s'emparer du cochon d'une famille de paysans : l'animal devint immédiatement furieux et dévora sa maîtresse. Inutile de dire qu'on le tua sans tarder. Il s'agit donc de cas sporadiques entraînant la mort instantanée de l'animal. On m'a raconté qu'un magicien se servait de son chat pour porter des objets maléfiques à destination; je dirais alors que le possédé était le maître, pas l'animal. Notons que le chat est considéré comme un animal qui "absorbe les esprits", et que les esprits maléfiques revêtent parfois la forme d'un chat. Pour certains magiciens et dans certains types de magie, l'usage d'un chat est fondamental. Mais ce sympathique animal n'en est pas le moins du monde responsable.

Disons néanmoins que l'infestation d'animaux est elle aussi possible, et qu'il est permis de bénir ces derniers afin de les délivrer. Mais dans tous les cas d'infestation (de lieux, d'objets, d'animaux), comme du reste dans les autres cas, l'exorciste doit connaître les phénomènes d'origine paranormale. Ces connaissances sont indispensables pour éviter toute ambiguïté, même si cet ouvrage n'a malheureusement pas l'occasion d'en parler directement.

LE MALÉFICE

Nous avons déjà évoqué le maléfice en tant que phénomène par lequel une personne innocente peut être envahie par le démon. Ce cas étant le plus courant, il convient de le traiter à part. Je m'efforcerai également de préciser le sens des termes utilisés; il n'existe pas de terminologie universellement acceptée : chaque écrivain se doit donc de préciser le sens qu'il donne aux mots. Pour moi le mot *maléfice* est un terme générique. Il désigne normalement le fait de "nuire à autrui par l'intervention du démon". C'est une définition exacte qui omet cependant de préciser comment un tel mal est provoqué. D'où la confusion : certains auteurs considèrent par exemple que le terme maléfice est synonyme de sort ou de sorcellerie. Je pense, au contraire, que le sort et la sorcellerie constituent deux façons différentes d'accomplir un maléfice.

Sans vouloir faire une étude exhaustive, et en me fondant uniquement sur les cas auxquels j'ai été confronté, j'analyserai les quatre formes de maléfice suivantes : 1° la magie noire; 2° les malédictions; 3° le mauvais œil; 4° les sorts.

Il s'agit de formes différentes mais pas complètement distinctes car les interférences entre elles sont nombreuses.

1. *La magie noire ou la sorcellerie ou bien encore les rites sataniques dont les messes noires constituent le point culminant.* Je regroupe ces pratiques en raison des analogies existant entre elles; je les ai énumérées, en fait, par ordre de gravité. Elles ont pour caractéristique commune de jeter le maléfice sur une personne déterminée par l'intermédiaire de formules magiques ou de rites, parfois très complexes, comportant des invocations au démon mais n'ayant pas recours à des objets particuliers. Celui qui se consacre à de telles pratiques devient sciemment le serviteur de Satan. Nous ne les envisageons ici qu'en tant que moyens d'accomplir des maléfices nuisant à autrui.

Ces pratiques sont déjà formellement interdites par les Écritures Saintes qui les considèrent comme un reniement de Dieu en faveur du démon : «Tu n'apprendras pas à commettre les mêmes abominations que ces nations-là. · On ne trouvera chez toi personne qui fasse passer au feu son fils ou sa fille, qui pratique divination, incantation, mantique ou magie, personne qui use des charmes, qui interroge les spectres ou les esprits, qui invoque les morts. Car quiconque fait ces choses est abominable à Yahwé ton Dieu» (Dt 18,9-12); «Ne vous adressez point à ceux qui évoquent les esprits, ni aux devins; ne les consultez point, pour ne pas être souillés par eux. Je suis Yahwé votre Dieu» (Lv 19,31); «Tout homme ou femme qui évoque les esprits ou s'adonne à la divinisation sera mis à mort; on les lapidera, leur sang est sur eux» (Lv 20,27); (Cf. Lv 19,26-31). Le livre de l'Exode est tout aussi sévère : «Tu ne laisseras vivre la magicienne» (22,17). Chez d'autres peuples aussi la magie est punie de mort.

Même si dans ces extraits les termes en question sont traduits différemment (et varient selon les traductions), le sens qui s'en dégage est très clair. Nous parlerons plus longuement de la magie dans un chapitre ultérieur.

2. *Les malédictions.* Ce sont des paroles par lesquelles on souhaite du mal, le mal ayant pour origine le démon; lorsqu'elles sont imprégnées d'une véritable perfidie et qu'il existe un lien de sang entre le médisant et le maudit, les conséquences peuvent être effroyables. Les cas les plus fréquents et les plus graves qu'il m'ait été donné de rencontrer sont les malédictions adressées par des parents ou grands-parents à leurs enfants ou petits-enfants, surtout si ces malédictions portent sur la vie de ces derniers ou si elles sont faites à l'occasion d'événements particuliers comme le mariage. L'attachement et l'autorité des parents envers leurs enfants est unique.

Voici trois exemples types.

Je me suis occupé d'un jeune homme maudit par son père depuis sa naissance (que ce dernier ne souhaitait manifestement pas), et qui avait subi des malédictions tout au long de son enfance et de la période durant laquelle il habita chez ses parents. Ce malheureux avait connu toutes sortes d'adversités : problèmes de santé, difficultés incroyables dans le secteur professionnel, mauvais mariage, déclenchement de maladies chez ses enfants... Selon moi, les bénédictions ont eu pour seul effet de lui apporter un soulagement spirituel.

Deuxième type de situation : des parents opposés au mariage de leur fille avec le garçon qu'elle aime ;

compte tenu de l'inutilité de leurs efforts, les parents se sont résignés et ont assisté au mariage. Le jour même de la célébration, le père appela sa fille sous un prétexte quelconque; en réalité il la maudit en lui souhaitant à elle, à son mari et à ses enfants les pires malheurs qui se sont effectivement produits, et ce en dépit des ferventes bénédictions.

Troisième exemple. Un jour, un monsieur vint me voir; après avoir remonté son pantalon, il me montra ses jambes horriblement abîmées par une série d'opérations. Il commença à me raconter comment cela était arrivé. Son père était quelqu'un de très intelligent; sa mère tenait absolument à ce qu'il entre dans les ordres mais lui ne se sentait pas à la hauteur. La dissension fut telle que le jeune homme dut partir de chez lui; il poursuivit avec succès des études supérieures, fut très apprécié dans son travail, se maria, eut des enfants sans jamais avoir repris contact avec sa mère qui ne voulait plus le revoir, sous aucun prétexte. Il me montra une photo d'un de ces enfants, prise le jour de son huitième anniversaire : un beau garçon au sourire charmeur, vêtu d'un pantalon court s'arrêtant au-dessus du genou et de chaussettes montantes, selon la mode de l'époque. Son père eut une idée malheureuse. Pensant que cette image allait toucher sa mère et qu'elle se réconcilierait avec lui, il lui envoya la photo. Elle lui fit parvenir ces mots : «Que les jambes de cet enfant soient pour toujours maudites et si jamais tu retournes à la maison, sache que tu mourras dans le lit où tu es né.» Ce qui ne manqua pas de se produire. Son père retourna chez lui seulement quelques années après la mort de sa mère mais tomba tout de suite malade et fut transporté provisoirement dans sa maison natale où il mourut la nuit même.

3. *Le mauvais œil.* Il s'agit d'un maléfice jeté sur une personne par l'intermédiaire du regard. Le fait que certaines personnes transmettent la malchance en regardant quelqu'un de travers ne constitue pas, comme le croient certains, un mauvais œil; ce ne sont là que des histoires. Le mauvais œil est un vrai maléfice qui suppose l'intention de nuire à une personne donnée par l'intermédiaire du démon. Le moyen spécifique utilisé pour mener à bien cette action est le regard. Je n'ai été confronté qu'à quelques rares et sombres cas dans lesquels l'effet maléfique était clair, alors que son auteur et le moyen d'y parvenir, à savoir un simple regard, ne l'étaient nullement. Je saisis cette occasion pour dire que très souvent on ne parvient pas à identifier l'auteur du maléfice ni à connaître l'origine du mal. L'important est que la victime ne commence pas à soupçonner telle ou telle autre personne mais qu'*elle pardonne de tout son cœur et prie pour celui qui lui a fait du mal*, quel qu'il soit.

En ce qui concerne le mauvais œil, je conclus en disant que le phénomène est en soi possible mais que je n'ai jamais rencontré de cas certains.

4. *Le sort.* C'est de loin le moyen le plus employé pour jeter des maléfices. Le terme italien *fattura* (sort) dérive de l'action de faire ou de confectionner un objet à l'aide des matériaux les plus étranges et variés; cet objet revêt ainsi une valeur presque symbolique : c'est un signe tangible de la volonté de nuire et un moyen offert à Satan pour qu'il y grave

sa force maléfique. On dit souvent que Satan est le mauvais imitateur de Dieu; nous pouvons dans ce cas établir un parallèle avec les sacrements qui sont caractérisés par une matière tangible (comme par exemple l'eau dans le baptême) faisant office d'instrument de grâce. Dans le cas du sort, le matériau est utilisé de la même manière, mais à des fins maléfiques.

Il existe deux façons distinctes de jeter un sort à la personne en question :

La première, directe, consiste à préparer à l'intention de la victime une boisson ou un plat auquel la préparation ayant fait l'objet d'un sort a été mélangée. Ce dernier se compose d'ingrédients les plus divers : sang menstruel, os de morts, différentes poudres brûlées, généralement de couleur noire, organes d'animaux (essentiellement le cœur), herbes spéciales... L'effet maléfique ne dépend, cependant, pas tellement du matériau utilisé mais plutôt de la volonté de nuire à l'aide du démon, et ce sont les formules occultes, prononcées pendant la préparation de ces mixtures, qui reflètent cette volonté. La victime d'un tel maléfice souffre presque toujours, entre autres, de maux d'estomac bien connus des exorcistes et qui se soignent uniquement par des vomissements répétés ou une évacuation importante d'excréments contenant les choses les plus étranges.

La seconde manière est indirecte (je reprends ici les termes employés par le Père La Grua dans son livre cité dans l'introduction) et consiste à jeter un maléfice sur des objets appartenant à la personne désignée comme victime (photographies, vêtements ou autres), sur des figures qui la représentent (pantins, poupées, animaux) ou bien encore sur des êtres vivants de mêmes sexe et âge. Il s'agit d'un matériau de transfert frappé par les mêmes maux que ceux que l'on souhaite infliger à la personne en question. Le fait d'enfoncer des épingles dans la tête d'une poupée constitue un exemple classique de ce rite satanique. La victime souffre de maux de tête épouvantables à propos desquels elle déclare : «C'est comme si ma tête était transpercée par des épingles.» On peut également enfoncer des aiguilles, des clous, des couteaux dans les parties du corps que l'on veut martyriser et la pauvre victime ressent systématiquement des douleurs lancinantes à ces endroits précis. Les médiums dont nous parlerons plus loin, disent souvent à leurs patients : «Vous avez une grosse épingle qui vous transperce de là à là», et ils indiquent ensuite le point exact. J'ai connu des cas où des personnes ont été guéries après que des épingles longues et étranges, constituées d'une matière semblable à du plastique ou à du bois souple, eurent été retirées de certaines parties de leur corps. Dans la plupart des cas on découvre, en plus des épingles, des choses très variées telles que fils de coton colorés, rubans, clous, fils de fer entortillés.

Le sort réalisé sous forme de *ligature* constitue une opération totalement distincte. Dans ce cas, le matériau de *transfert* utilisé est ficelé au moyen de cheveux ou de bandes de tissu de différentes couleurs (essentiellement du blanc, du noir, du bleu ou du rouge, selon le type de mal à infliger). Prenons un exemple : une poupée a été cousue avec du crin de cheval depuis le cou jusqu'au nombril afin de frapper le bébé d'une femme enceinte. Cette opération avait pour but de faire naître un être difforme car la partie du corps comprise entre le cou et le nombril était censée ne pas se développer. Les conséquences furent cependant moins graves que celles que l'on aurait voulu provoquer. Les ligatures exercent certes une action sur le développement des différentes parties du corps, mais surtout sur le développement mental : certaines victimes se sentent handicapées dans leurs études ou leur travail et ne peuvent adopter un comportement normal parce qu'elles ont subi des ligatures au niveau du cerveau et les médecins tentent en vain d'identifier et de soigner ce mal.

Je ferai brièvement allusion à un autre cas assez fréquent. L'existence de sorts est souvent attestée par la découverte d'objets étrangers dans des oreillers et des matelas. Je pourrais décrire un nombre impressionnant de faits dont j'ai été témoin et auxquels je n'aurais pas cru si je ne les avais pas vus moi-même. On trouve de tout : rubans colorés et noués, mèches de cheveux étroitement liées, cordes pleines de nœuds, laine tressée de manière serrée par une force surhumaine, en forme de couronne, d'animal (et plus particulièrement de souris) ou de figure géométrique, ou bien encore caillots de sang, morceaux de bois ou de fer, fils de fer enroulés, poupées couvertes de signes ou de blessures, etc. Il arrive par ailleurs que des nœuds inextricables se forment dans les cheveux de femmes ou d'enfants. Tous ces phénomènes ne s'expliquent pas sans l'intervention d'une main invisible.

Il arrive aussi que ces objets ne soient pas découverts tout de suite, une fois les matelas ou les oreillers découpés; il suffit alors d'asperger ces derniers d'eau exorcisée ou d'y introduire une image bénite quelconque (d'un crucifix ou de la Sainte Vierge par exemple) pour faire ressortir des objets tels que cailloux ou cordes nouées.

Avant de conclure, j'insiste à nouveau sur les recommandations formulées par le Père La Grua dans son œuvre préalablement citée. *Même si ce que j'ai écrit se repose sur mon expérience directe, il ne faut pas croire naïvement aux maléfices, en particulier à ceux qui se présentent sous la forme d'un sort.* Il ne s'agit que de quelques cas rares. Un examen attentif des faits révèle souvent que des causes psychiques, des suggestions, de fausses peurs sont à l'origine des malheurs déplorés.

J'ajouterai que souvent les maléfices ne se réalisent pas pour les raisons suivantes : Dieu ne le permet pas; la victime est bien protégée par une vie de prière et d'union avec Dieu; un grand nombre de sorciers sont des incapables ou de simples escrocs et le démon lui-même, qui selon l'Évangile «a toujours été un menteur», trompe ses propres disciples. Ce serait une très grave erreur de vivre dans la crainte du maléfice. Il n'est indiqué nulle part dans la Bible qu'il faut avoir peur du démon. Nous devons lui résister en restant persuadés qu'il nous fuira (Cf. Jc 4,7); nous devons rester vigilants devant ses attaques et solides dans la foi (Cf. 1 P 5,9).

Nous bénéficions de la grâce du Christ qui a écrasé Satan à l'aide de la Croix, de l'intercession de la Sainte Vierge, ennemie de Satan depuis l'origine de l'humanité, de l'appui des anges et des saints et surtout du sceau de la Trinité qui nous a été apposé au moment du Baptême. Si nous vivons en communion avec Dieu, le démon et l'enfer tout entier tremblent devant nous à moins que nous ne lui ouvrions la porte... Puisque le maléfice est la forme d'influence diabolique la plus classique, j'énoncerai quelques concepts supplémentaires fondés sur mon expérience.

Le maléfice peut revêtir différentes formes en fonction de son objectif. Il peut s'agir d'un maléfice de *division* si son but est de séparer des époux, des fiancés ou un couple d'amis. J'ai souvent été confronté à des séparations chez des fiancés, sans motif apparent; ils n'arrivaient plus, en effet, à se rapprocher, malgré leur amour; un de leurs parents, hostile à l'idée du mariage, a avoué qu'il s'était adressé à un magicien pour les séparer. Il peut également s'agir d'un maléfice d'*amour* si son objectif est d'unir deux personnes par les liens du mariage. Je me souviens d'une jeune fille qui était tombée amoureuse du fiancé d'une de ses amies; après de vains efforts, elle eut recours à un magicien. Les fiancés se séparèrent et le jeune homme épousa la fille qui avait commandé le maléfice. Le mariage fut naturellement un échec : le mari, qui n'avait jamais aimé sa femme, n'eut pas le courage de la quitter et avait l'impression que ce mariage lui avait été imposé.

Certains maléfices sont centrés sur la *maladie*, c'est-à-dire qu'ils font en sorte que la victime soit toujours malade; d'autres (que l'on appelle les maléfices de mort) visent la *destruction*. Il suffit alors que la victime se mette sous la protection de l'Église, qu'elle commence à suivre des séances d'exorcisme, à prier ou à faire prier les autres intensément pour que la mort ne survienne pas. J'ai suivi un grand nombre de ces cas et, comme nous l'avons déjà dit, le Seigneur est intervenu de manière miraculeuse ou du moins sous une forme humainement inexplicable pour protéger ces personnes de dangers mortels ou, plus particulièrement, pour les empêcher de se suicider. Presque toujours (je dirais même *toujours* pour la plupart des cas que j'ai traités) la vexation diabolique, voire la possession, sont liées à des maléfices d'une certaine gravité; c'est la raison pour laquelle l'exorcisme est nécessaire. Les maléfices jetés sur une famille tout entière, éventuellement pour la détruire, ont également des effets terribles.

La règle n° 8 du Rituel veut qu'en cas de maléfice, la victime s'adresse uniquement à des ministres de l'Église et non à des magiciens, des sorcières ou autres personnes de ce genre, et que l'intéressé n'ait recours à aucune forme de superstition ni de pratique illicite. L'expérience prouve qu'un tel avertissement est indispensable. Les magiciens sont très nombreux, à la différence des exorcistes. Même Mgr Corrado Balducci, expert en la matière, conseille dans ses trois livres de consulter un magicien en cas de maléfice, même si ce dernier est susceptible d'en jeter un autre (voir, par exemple, son ouvrage *Il diavolo*, Éditions Piemme, p. 326). C'est une erreur impardonnable chez un auteur qui s'est tant distingué dans d'autres parties de ses ouvrages. En parlant de lui avec le Père Pellegrino Ernetti, nous sommes tombés d'accord pour condamner la ténacité avec laquelle Mgr Balducci conseille aux victimes d'avoir recours aux magiciens. Nous nous attendions à ce qu'il apporte une correction sur ce point dans la nouvelle édition de son livre *Il diavolo*. Or, il persiste dans cette voie.

Un tel conseil révèle sa faible sensibilité pastorale et le place résolument en contradiction avec la doctrine de l'Église et la pratique ecclésiastique de tous les temps.

En ce qui concerne les questions à poser au démon, la règle n° 20 du Rituel prescrit à l'exorciste de demander quelle est la cause de la présence du démon dans le corps de la victime, et en particulier s'il s'agit d'un maléfice; si tel est le cas et si l'absorption d'aliments ou de boissons maléfiques en constitue la cause, l'exorciste doit ordonner à la victime de les vomir. S'il s'agit, en revanche, d'un objet maléfique qui a été caché quelque part, l'exorciste doit se faire préciser le lieu, chercher l'objet et le brûler.

Ces indications sont bien utiles. En fait lorsqu'une personne subit un maléfice en mangeant ou en buvant une préparation maléfique, elle souffre de maux d'estomac bien particuliers que nous avons déjà évoqués à plusieurs reprises et qui dénotent un besoin de libération par voie physiologique. Il faut, dans ce cas, recommander à la victime d'absorber de l'eau bénite ainsi que de l'huile et du sel exorcisés afin de favoriser une telle libération.

Il arrive, comme nous l'avons déjà dit auparavant, que certains objets maléfiques soient expulsés de manière mystérieuse : une personne peut par exemple souffrir subitement d'un mal à l'estomac, comme si elle avait un caillou en elle, trouver ensuite cet objet par terre et ne plus avoir mal. Il peut s'agir également de fils de différentes couleurs, de petites cordes tressées, etc. Tous ces objets doivent être bénis avec de l'eau bénite (la victime peut le faire elle-même) et brûlés à l'air libre; les cendres ainsi que les objets de fer et ceux qui ne brûlent pas doivent être jetés dans de l'eau courante (fleuves, égouts) et non dans les toilettes, car cela entraînerait de nombreux inconvénients tels qu'engorgements de lavabos, inondations, etc.

Dans bon nombre de cas, les objets étranges cachés dans des oreillers ou des matelas ont été découverts non pas en interrogeant le démon, mais par l'intermédiaire de charismatiques et de médiums (dont nous parlerons plus loin). C'est cette découverte qui a révélé l'existence d'un maléfice pour lequel on a fait appel à un exorciste. Il faut, dans ces cas aussi, brûler les oreillers et les matelas à l'extérieur de la maison, après les avoir aspergés d'eau bénite; les cendres doivent, quant à elles, être éliminées comme ci-dessus.

Il est important que ces objets maléfiques soient brûlés en priant. On ne peut pas agir à la légère lorsque les objets ayant été soumis à un maléfice sont découverts par hasard ou sur indication du démon. Le Père Candido me raconta une de ses "erreurs de jeunesse", à savoir une imprudence qu'il avait commise lors de ses débuts d'exorciste.

Il exorcisait, à l'époque, une jeune fille, avec l'aide d'un autre Père passionniste qui avait lui aussi reçu l'autorisation de l'évêque. En interrogeant le démon, ils découvrirent, que cette jeune fille avait fait l'objet d'un sort. Elle leur apprit que ce dernier avait pour origine une petite boîte en bois d'environ 25 cm de long, enterrée à un mètre de profondeur au pied d'un arbre dont elle leur indiqua l'emplacement exact. Pleins d'entrain, ils se dirigèrent, armés de pioches et de pelles, vers le lieu indiqué. Ils trouvèrent la petite boîte qui correspondait bien à la description; ils l'ouvrirent et découvrirent une figure obscène et d'autres babioles qu'ils brûlèrent immédiatement avec de l'alcool afin de les réduire à un petit tas de cendres. Ils n'avaient, cependant, pas pensé aux bénédictions avant de mettre le feu aux objets et avaient également oublié de prier sans discontinuer pendant que ces derniers brûlaient, en invoquant la protection du sang de Jésus; enfin, ils avaient touché, à plusieurs reprises, les objets sans penser à se laver les mains avec de l'eau bénite. En raison de toutes ces négligences, le Père Candido fut cloué trois mois au lit par de violentes douleurs à l'estomac qui persistèrent avec une certaine intensité pendant une dizaine d'années et se manifestèrent aussi par la suite. Ce fut une dure leçon; elle m'a cependant été utile et devrait l'être également pour tous ceux susceptibles de se trouver dans pareille situation.

Je demandai ensuite au Père Candido si, après toutes ces épreuves et souffrances, la jeune fille avait été libérée. Il me répondit par la négative : elle n'en avait tiré aucun profit. Cela prouve que les sorts exercent parfois toute leur action au moment même où ils sont réalisés, et qu'il ne sert à rien de les découvrir et de les détruire. J'ai été confronté à plusieurs cas de ce type dans lesquels de nombreuses années s'étaient écoulées entre l'accomplissement du maléfice et la découverte du sort qui avait déjà accompli son action maléfique; dépourvu d'efficacité au moment de sa découverte, sa destruction n'apporta aucun soulagement à la victime. Ce sont, notamment, les exorcismes, les prières et les sacrements qui jouèrent, par la suite, un rôle déterminant.

Dans d'autres cas le fait de brûler l'objet sur lequel un sort a été jeté interrompt le maléfice. J'en ai eu la preuve pour des cas de "sorts ayant pour objet la mort" par putréfaction dans lesquels de la viande maudite avait été enterrée, puis découverte avant qu'elle ne se décompose. Des animaux et notamment des crapauds sont parfois enterrés vivants. Dans ces cas aussi, le maléfice peut être interrompu si les animaux sont découverts encore vivants. Toutefois les exorcismes, les prières, les sacrements et les sacramentaux demeurent toujours les remèdes principaux.

On ne dira jamais assez combien il est important d'avoir recours aux moyens offerts par Dieu et non aux magiciens, même si on a l'impression que ces moyens sont plus lents à agir. Le Seigneur nous a donné la force de son nom, la puissance de la prière (aussi bien personnelle que collective) et l'intercession de l'Église. Le recours à des magiciens, à celui qui dissimule son action sous le nom équivoque de magie blanche (qui n'est autre qu'un appel au démon) ne fait que jeter un autre maléfice pour supprimer celui qui a déjà été accompli, le mal ne pouvant ainsi qu'empirer. L'Évangile nous parle d'un démon qui sort d'une âme pour y retourner ensuite avec sept autres démons pires que lui (Cf. Mt 12,43-45). C'est ce qui arrive quand on fait appel à des magiciens.

Voici trois exemples marquants de situations auxquelles j'ai été souvent confronté.

Premier exemple. Un individu commence à éprouver des douleurs physiques surtout à la tête et à l'estomac. Il consulte plusieurs médecins et essaie différents médicaments, mais la douleur ne fait qu'augmenter au lieu de disparaître et la cause reste mystérieuse. Il s'adresse alors à un magicien ou à un cartomancien, expert en magie, qui lui dit : «Vous faites l'objet d'un sort. Si vous voulez, je vous en débarrasse. Je me contenterai d'environ 5000 francs.» Après quelques instants de réflexion, il se décide à payer. On lui demande éventuellement une photographie, un sous-vêtement, une mèche de cheveux. Après quelques jours, il est tout à fait guéri et satisfait d'avoir dépensé ses 5000 francs de la sorte : c'est le démon qui est parti. Après un an, cependant, les mêmes troubles réapparaissent. Le pauvre homme recommence à consulter toutes sortes de médecins mais les médicaments n'ont aucun effet alors que la douleur devient de plus en plus forte. C'est le signe du retour du démon accompagné par sept autres démons pires que lui. N'en pouvant plus de souffrir, le malheureux se dit que, malgré une dépense de 5000 francs, le magicien l'avait quand même guéri et retourne donc le voir sans se rendre compte que c'est en fait à cause de lui que le mal a empiré. Le magicien lui déclare : «Cette fois-ci vous avez été frappé par un sort bien plus important. Si vous voulez je vous guéris pour 25 000 francs seulement, la moitié de ce que j'aurais demandé à quelqu'un d'autre.» Et nous revoilà au point de départ. Au cas où la victime déciderait enfin de se confier à un exorciste, il faudrait non seulement la libérer du petit maléfice initial mais également du gros mal provoqué par le magicien.

Deuxième exemple, même type de situation. Le malade paie, est guéri par le magicien et se porte bien. C'est en revanche sa femme, ses enfants, ses parents et ses frères qui héritent de son mal. Ce dernier est donc amplifié et peut donner lieu à un athéisme obstiné, des péchés, des accidents de voiture, des ennuis, des dépressions, etc.

Troisième exemple et encore une fois même type de situation. La personne est guérie par le magicien et ne retombe plus malade. Dans ce cas, cependant, le mal avait été permis par Dieu pour que la victime expie ses péchés et qu'elle retourne à une vie de prière et de fidélité à l'Église et aux sacrements. Ce mal avait pour but de faire naître chez la victime une grande spiritualité destinée à sauver son âme. Avec la guérison due à l'intervention du démon qui connaissait bien ces objectifs, ce mal n'a pas débouché sur le résultat positif escompté.

Il faut comprendre que Dieu permet le mal pour en tirer du bien; il permet la souffrance de la Croix car c'est uniquement à travers elle que nous atteindrons le ciel.

C'est une vérité évidente, surtout chez les personnes dotées de charismes particuliers et souffrant souvent de maux pour lesquels il ne faut pas prier. Tout le monde se rappelle de Padre Pio qui supporta durant cinquante ans la douleur lancinante des cinq stigmates; personne, cependant, n'a pensé à prier le Seigneur pour qu'il le libère de ce mal, car il était tout à fait clair qu'il s'agissait d'une grande œuvre spirituelle de Dieu. Le démon est ingénieux et il aurait bien voulu que les marques de la passion ne soient pas gravées dans la chair de Padre Pio! Il en va bien entendu tout autrement si c'est le démon qui provoque les stigmates et crée des faux mystiques.

QUELQUES INFORMATIONS
SUPPLÉMENTAIRES SUR LA MAGIE

La magie est un sujet très vaste, traité dans un si grand nombre de livres qu'on pourrait en remplir une bibliothèque tout entière; la magie concerne par ailleurs toutes les populations du monde qui la pratiquent depuis l'aube de l'humanité. Aujourd'hui encore, nombreux sont ceux qui tombent dans les pièges de la magie. Beaucoup de prêtres en sous-estiment même les dangers; ayant justement confiance en la puissance salvatrice du Christ qui s'est sacrifié pour nous libérer des pièges de Satan, ils ne tiennent pas compte du fait que le Seigneur ne nous a jamais dit d'en sous-estimer la puissance, de défier le démon ou de cesser de le combattre. Il nous a par contre donné le pouvoir de le chasser et parlé de lutte perpétuelle contre celui qui nous épie constamment (Jésus en personne a subi les tentations du Malin); il nous a dit clairement que l'on ne peut pas servir deux maîtres à la fois.

La Bible nous surprend par ses innombrables critiques à l'égard de la magie et des magiciens, aussi bien dans l'Ancien que dans le Nouveau Testament. Elle nous met ainsi en garde contre certains des moyens les plus classiques que le démon utilise pour capturer et abrutir l'être humain, à savoir la magie, la superstition et tout ce qui correspond à un culte direct ou indirect de Satan. Ceux qui pratiquent la magie croient pouvoir manipuler des forces supérieures qui en fait les asservissent.

Les sorciers se considèrent comme les maîtres du bien et du mal. Les spirites et les médiums déploient tous leurs efforts pour invoquer les esprits supérieurs ou les esprits des défunts mais se livrent en réalité, corps et âme, sans même s'en rendre compte, à des forces démoniaques qui les implorent toujours à des fins destructrices, même si ces dernières ne se manifestent pas tout de suite. L'homme détaché de Dieu est pauvre et malheureux; il ne comprend pas le sens de la vie et encore moins celui des difficultés, de la douleur et de la mort. Il souhaite le bonheur tel qu'il est conçu par le monde : richesse, pouvoir, bien-être, amour, plaisir, admiration... C'est comme si le démon lui disait : «Je te donnerai toute cette puissance et la gloire de ces royaumes, car elle m'a été remise, et je la donne à qui je veux. Si donc tu te prosternes devant moi, elle t'appartiendra tout entière» (Cf. Lc 4, 6-7).

C'est ainsi que toute une foule de jeunes, de vieux, de femmes, d'ouvriers, de cadres, d'hommes politiques, d'acteurs et de curieux, en quête de la "vérité" sur leur avenir, deviennent la proie de magiciens, de devins, d'astrologues, de pranothérapeutes, de médiums ou de voyants en tout genre. C'est le hasard, l'espoir, le désespoir ou la curiosité qui pousse ces gens à approcher ces occultistes. Certains d'entre eux sont bouleversés par une telle expérience, d'autres en deviennent prisonniers et d'autres encore pénètrent dans le cercle fermé des sectes.

Mais qu'y a-t-il derrière tout cela? Les ignorants pensent qu'il s'agit uniquement de superstition, de curiosité, de mensonge et de fraude; cette activité représente en effet un gros chiffre d'affaires. Dans la plupart des cas, cependant, la réalité est tout autre. La magie n'est pas seulement une fausse croyance ou quelque chose dépourvu de tout fondement mais aussi un recours aux forces démoniaques pour diriger le cours des événements et influer sur d'autres personnes, à son propre avantage. Cette forme déviée de religiosité, caractéristique des peuples primitifs, a survécu dans le temps et coexiste à l'heure actuelle avec les autres religions dans les pays du monde entier. L'objectif qui peut se présenter sous différentes formes, est toujours le même: éloigner l'homme de Dieu, le conduire au péché et à la mort intérieure.

Il existe deux sortes de magie : la magie imitative et la magie contagieuse.

La *magie imitative* se fonde sur le critère de la ressemblance dans la forme et le procédé, ainsi que sur le principe selon lequel tout semblable appelle son semblable. La personne désignée sera représentée par un pantin dans lequel, après avoir prononcé "les prières de rite" convenues, on enfoncera des épingles pour faire du mal à la personne figurée par le pantin : des douleurs ou des maladies se déclencheront chez la victime aux endroits correspondant aux parties transpercées.

La *magie contagieuse* se repose sur le principe du contact physique ou de la contagion. Pour exercer son action, le magicien doit être en possession de quelque chose appartenant à la victime, à savoir des cheveux, des ongles, des poils, des vêtements, voire

une photographie, de préférence du corps tout
entier, le visage étant obligatoirement découvert. La
partie vaut pour le tout, c'est-à-dire que l'action
exercée sur une partie précise se répercutera sur
l'ensemble de l'individu. Le magicien procédera au
moyen de formules et de rituels appropriés, à des
moments précis de l'année et de la journée, en
invoquant les esprits pour rendre son œuvre efficace.
Nous avons traité ces sujets en nous fondant sur la
notion de sort; il faut savoir, cependant, que le
domaine de la magie dépasse les notions de sort et de
maléfice.

Dans un des rituels d'initiation à la magie noire
utilisée par les sorciers de l'île du Cap Vert, l'élu se
trouvera, à un certain moment du rite, devant une
glace dans laquelle apparaîtra Satan qui lui confiera
les "pouvoirs" et les armes qu'il devra utiliser. La
vérité, la justice, la foi et l'épée à double tranchant
de la parole de Dieu sont les armes du chrétien pour
faire face au "lion rugissant". Le magicien disposera
en revanche d'une véritable épée pour frapper les
hommes; il aura aussi des pouvoirs de destruction, de
malédiction, de voyance, de prévoyance, de dédou-
blement de guérison, etc., selon le mal qu'il est
capable de faire, la manière d'entraver les projets de
Dieu qu'il aura choisie et ce qu'il sera en mesure
d'offrir au démon : en plus de sa propre personne, il
peut sacrifier ses enfants et d'autres individus, plus
ou moins bien informés, ayant recours à lui. Ce
pouvoir aura pour effet de déclencher chez la
victime une terrible aversion à l'égard de tout ce qui
est sacré (prières, églises, images sacrées...) ainsi que
de toutes sortes d'effets bien plus graves.

Cela peut également arriver à celui qui a confié le travail au magicien, une fois que le "sacrifice", représenté par une offrande, même très modeste, aura été fait et que les choses demandées auront été données, en respectant éventuellement certaines règles, comme : faire le tour de sept églises, allumer des bougies d'une certaine façon, jeter des poudres, porter certains objets sur soi ou les faire porter par d'autres personnes, etc. Des liens plus ou moins forts se créent ainsi avec le démon, au détriment de l'âme et du corps. J'ai souvent eu affaire à des mères qui avaient conduit leurs enfants chez des magiciens et qui faisaient porter à ces enfants des choses susceptibles d'être considérées par les non-spécialistes comme des babioles mais qui, en raison de leurs effets maléfiques, étaient en fait des vrais maléfices. Quand on se place dans le camp de l'ennemi, on tombe sous son pouvoir, même si l'on est de "bonne foi". Seule la puissante main de Dieu peut nous délivrer de telles entraves.

Les opérations de la soi-disant *haute magie* appartiennent généralement aux catégories suivantes: sacralisation, consécration, bénédiction, destitution, excommunication et malédiction. Elles ont pour but de transformer des objets ou des personnes en "symboles sacrés" (sacrés aux yeux de Satan, naturellement). Le matériel magique est "magnétisé" à des moments précis relevant du domaine de l'astrologie magique. Chaque magicien porte sur lui, ou prépare à l'intention d'autres personnes, des "pentacles" (du grec *panta-klea*). Il s'agit, en général, de médailles dont les symboles constituent des "catalyseurs d'énergie". Ces objets renferment, selon le magicien, une force céleste spécifique. Les talismans qui rappellent les traits d'une personne que l'on voudrait protéger, font partie d'une autre catégorie.

Les talismans sont surtout recherchés par des personnes désemparées qui se sentent victimes de mauvais sorts, de la guigne, d'incompréhension, de manque d'amour et de pauvreté, et qui sont tout à fait disposées à payer le prix très élevé de ces porte-bonheur destinés à les délivrer de tous leurs malheurs. Ces objets sont au contraire porteurs d'une telle charge négative qu'elle nuit non seulement à leurs acquéreurs mais aussi à tous les membres de leur famille. Pour préparer ces objets ainsi que la plupart des opérations de magie, on a largement recours à l'encens qui, dans la magie, est offert à Satan, par opposition très nette à l'encens offert à Dieu dans le culte liturgique.

D'autres formes de magie comprennent la préparation de filtres ou de mixtures destinés à être incorporés dans de la nourriture ou des boissons et à provoquer chez celui qui les absorbe la suggestion ou la vexation diabolique. Non seulement la victime aura avalé quelque chose de dégoûtant mais portera en elle les esprits maléfiques invoqués pour la préparation du maléfice. Le soi-disant "filtre d'amour" par lequel des puissances sataniques imposent à la victime un lien horriblement contraignant (désigné également par le terme "ligature"), constitue un exemple bien connu de ces préparations.

La Bible nous parle pour la première fois du démon lorsqu'il tente nos ancêtres sous la forme d'un serpent. Dans la mythologie, le serpent est toujours figuré par les emblèmes de la connaissance. En Égypte, la magicienne Isis connaît les secrets des pierres, des plantes et des animaux ainsi que les différents types de maux et leurs remèdes : elle peut ainsi réanimer le cadavre d'Osiris. Le serpent, replié sur lui-même et mordant sa queue, est l'emblème du cycle éternel de la vie. On peut également évoquer le boa empereur des Incas ou le boa divin des Indiens.

Dans le culte vaudou, la certitude et la précision avec lesquelles le serpent androgyne Danbhalah et Aida Wédo inspirent leurs adeptes sont telles que le résultat est époustouflant, quelle que soit l'heure du jour ou de la nuit. Ce serpent prétend connaître tous les secrets du Verbe créateur au moyen de la "langue magique", rendue magique par la musique sacrée. Il s'agit d'une magie haïtienne provenant d'Afrique qui, associée à la magie africaine originaire et à celle importée en Amérique du Sud (en particulier au Brésil) sous le nom de "macumba", exerce un grand pouvoir maléfique. J'ai déjà signalé que les maléfices les plus graves qu'il m'ait été donné d'exorciser provenaient du Brésil ou d'Afrique.

Dans la civilisation moderne, certaines coutumes ont fusionné avec d'autres, mais sont en fait demeurées les mêmes; d'où la cohabitation entre la science et la magie d'une part, et entre la religion et les pratiques anciennes d'autre part.

Aujourd'hui encore, et plus particulièrement à la campagne, certaines personnes très ferventes s'adressent à des *gourous* (aussi bien des hommes que des femmes) pour résoudre leurs problèmes les plus variés : maladies, mauvais œil, recherche d'un travail ou d'un mari, etc. Ce sont des personnes pieuses "qui vont toujours à l'église"; aujourd'hui encore il existe des mères qui, de bonne foi, apprennent à

leurs filles les rites visant à éloigner le mauvais œil
le jour de Noël, ou qui accrochent au cou de leurs
enfants des chaînettes avec des Crucifix ou des
médailles bénites ainsi que des "poils de blaireau",
des "dents de loup" ou de "petites cornes rouges"; ces
derniers, même s'ils ne sont pas chargés d'une
puissance négative transmise par des rites magiques,
établissent un lien avec le démon par le péché de la
superstition.

La magie est toujours associée à la divination qui
est l'art de découvrir l'avenir par des moyens
détournés. Il suffit de penser au nombre de personnes qui se font tirer les cartes ou prédire l'avenir
par les tarots, ces derniers constituant le moyen de
divination le plus utilisé par les magiciens et les
devins. Il semble que ces cartes aient été inventées
au XIIIe siècle par des tsiganes qui auraient
concentré dans le "jeu" des tarots leur pouvoir de
prédire l'avenir. Toutes ces pratiques sont fondées
sur la doctrine ésotérique qui schématise la relation
entre l'homme et le monde divin. Je ne m'y attarderai pas; je dirai simplement que la personne naïve
qui a été bouleversée par l'exactitude avec laquelle
son passé lui a été révélé, éprouve un sentiment
d'angoisse et de défiance ou bien est remplie, au
contraire, de vains espoirs, mais le plus souvent elle
est pleine de méfiance à l'égard de ses parents ou
amis; elle est surtout devenue en quelque sorte
dépendante de celui qui lui a tiré les cartes. Tous ces
sentiments peuvent faire naître chez elle la peur, la
colère et l'incer-titude; elle sera tentée de recourir à
des pratiques magiques ou de se procurer des
talismans capables de neutraliser cet ennemi intérieur

qu'elle-même est allée chercher et qui est à la source de maladies, de malchance, etc.

La pire des magies d'origine africaine repose d'une part sur la *sorcellerie* (witchcraft), à savoir l'art de faire du mal aux autres par l'intermédiaire de voies magiques, et d'autre part sur le *spiritisme*, pratique visant à mettre l'homme en contact avec l'esprit des défunts et les esprits supérieurs. Le spiritisme est présent dans toutes les cultures et pratiqué par toutes les populations. Le médium joue le rôle d'intermédiaire entre les esprits et l'homme et prête son énergie (voix, gestes, écriture...) à l'esprit qui souhaite se manifester. Il arrive que les esprits évoqués, qui sont toujours des démons, jettent leur maléfice sur l'un des présents. L'Église a toujours condamné les séances de spiritisme et le fait d'y participer. Ce n'est pas en consultant Satan qu'on apprendra quelque chose d'utile.

Est-il vraiment impossible, cependant, d'évoquer les morts? Sont-ce toujours et uniquement les démons qui se manifestent durant les séances des médiums? Nous savons bien que l'existence de ce doute chez les croyants résulte d'une seule exception. La Bible mentionne un seul et unique cas où Saül s'adressa à une nécromancienne et lui ordonna : «Prédis-moi l'avenir en évoquant un mort, et fais-moi monter celui que je te dirai» (1 S 28,8). Sur ce, Samuel, qui était mort depuis peu, apparut effectivement. Dieu a permis cette exception mais rappelons le cri de stupeur poussé par la nécromancienne à la vue de Samuel, et surtout le grave reproche émis par ce dernier : «Pourquoi m'as-tu troublé en me faisant monter?» (1 S 28,15). Il ne faut respecter les morts, et non pas les importuner. Ce cas est exceptionnel, car c'est le seul relaté par la Bible. Je partage l'avis d'un psychiatre et exorciste protestant à ce sujet : «Nous ne faisons preuve que d'égoïsme et de cruauté en voulant rester accrochés à nos défunts ou les rappeler parmi nous. Ils ont besoin d'être libérés pour l'éternité et non de se retrouver parmi les choses et les habitants de ce monde...» (Kenneth McAll, *Fino alle radici*, Éditions Ancora, p.141).

De nombreuses personnes tombent dans ces pièges par ignorance ou parce qu'elles n'ont pas la foi. Certaines formes de danses, de chants, de coutumes, de cierges ou d'animaux, indispensables à plusieurs rites des cultes vaudou ou macumba, peuvent présenter un intérêt ethnique et folklorique. Le fait de placer par exemple quatre cierges au carrefour d'une route ou de constituer un triangle de cierges dont l'un sera placé à l'envers, peut être considéré comme un jeu ou une superstition inoffensive. Il est temps d'ouvrir les yeux et je m'adresse en particulier aux prêtres. Il faut savoir que les évocations d'esprits maléfiques qui dérangent telle ou telle autre personne ont toujours pour but de détacher la victime de Dieu, de la conduire au péché, à l'angoisse, à l'aliénation et au désespoir.

On m'a demandé si on pouvait aussi frapper des communautés de personnes par la magie.

Je réponds par l'affirmative et je me contenterai, encore une fois, de constater les faits, bien que ce sujet mérite, à lui seul, une étude séparée. Il arrive que le démon se serve d'une personne pour frapper des groupes même très importants susceptibles de dominer toute une nation ou d'étendre leur influence sur plusieurs nations. Je crois qu'à notre époque,

Karl Marx, Hitler et Staline ont fait partie de ces gens-là. Les atrocités des nazis, les horreurs du communisme et les massacres de Staline atteignent par exemple un niveau de perfidie que nous pouvons qualifier de diabolique. Dans un autre domaine, je n'hésiterai pas à dire qu'à mon avis, certaines musiques et certains chanteurs dont les concerts provoquent une frénésie pouvant engendrer des manifestations de violence extrême ou de volonté destructrice, sont des véhicules de Satan.

Les cas de groupes, une classe d'élèves par exemple, ou de communautés telles qu'une communauté religieuse, frappés par le démon s'avèrent néanmoins plus faciles à contrôler et à résoudre (même si les possessions collectives sont toujours plus difficiles à guérir). La capacité du démon à tromper des groupes tout entiers ou à pousser ces derniers à commettre les pires erreurs est incroyable.

D'aucuns prétendent qu'il est plus facile de tromper une foule qu'un individu. Il est certain que le démon peut frapper des groupes même très importants. Signalons cependant qu'il existe presque toujours, dans de tels cas, un consensus entre Satan et les hommes ayant commis la faute de vouloir s'associer à l'œuvre satanique par intérêt, par vice, par ambition, etc.

Parmi les influences du démon, celle exercée sur des collectivités est une des plus dangereuses et des plus marquantes, d'où l'insistance des derniers pontifes à ce sujet. Je me réfère ici au discours de Paul VI, du 15 novembre 1972, et à celui de Jean-Paul II, du 20 août 1986.

Satan est notre pire ennemi et il le restera jusqu'à la fin des temps : c'est pourquoi il utilise son intelligence et ses pouvoirs pour entraver les projets de Dieu qui souhaite au contraire le salut de tous les hommes. La Croix du Christ, son sang, ses plaies ainsi que l'obéissance à ses paroles et à son institution, l'Église, constituent notre force.

QUI PEUT CHASSER LES DÉMONS ?

Il me semble avoir dit assez clairement que Jésus a donné le pouvoir de chasser les démons à tous ceux qui croient en lui et qui agissent par la force de son nom. Cette faculté s'exerce par l'intermédiaire de prières privées qui peuvent toutes être qualifiées de "prières de délivrance". Les exorcistes, à savoir les prêtres ayant reçu de leur évêque l'autorisation expresse d'exercer une telle activité, disposent d'un pouvoir particulier : en employant les formules appropriées suggérées par le Rituel, ils accomplissent un sacramental qui, à la différence de la prière privée, implique l'intercession de l'Église.

Il faut cependant que la personne qui prie et celle à qui s'adresse la prière aient une foi solide, prient intensément et observent le jeûne. L'idéal serait qu'une réunion de prière ait lieu simultanément à la séance d'exorcisme qui se déroule toujours dans l'intimité. J'ajoute que tous les prêtres, y compris ceux qui ne sont pas exorcistes, sont investis, en raison de leur sacerdoce ministériel, d'un pouvoir très spécial qui ne constitue pas une charge honorifique mais un service à rendre aux fidèles pour satisfaire leurs exigences spirituelles. Délivrer l'âme des influences maléfiques figure certainement parmi ces exigences. Tous peuvent en outre, qu'il s'agisse de prières de délivrance ou d'exorcismes, avoir recours à des moyens sacrés consistant, par exemple, à poser sur la tête de l'intéressé un crucifix, un chapelet ou une relique comme celle de la sainte Croix qui s'est révélée très efficace car c'est avec la croix que Jésus anéantit le règne de Satan; les reliques des saints particulièrement vénérés sont tout aussi efficaces. De simples images bénites, comme celle de l'Archange saint Michel qui fait excessivement peur aux démons, peuvent elles aussi jouer un rôle bénéfique.

Je risque néanmoins de décevoir mes lecteurs si je ne tiens pas compte de l'armée toujours croissante des *chefs charismatiques*, des *voyants*, des *médiums*, des *pranothérapeutes*, des *guérisseurs* et même des *tsiganes* : cette foule est devenue de plus en plus nombreuse au fur et à mesure que les évêques et le clergé ont abandonné, avec une légèreté due aussi bien à l'ignorance qu'à l'incrédulité pure, ce domaine pastoral qui était le leur. Cette question fera également l'objet d'un chapitre ultérieur. Nous nous contenterons pour l'instant de fournir quelques informations sur les personnes susmentionnées.

Précisons tout d'abord qu'il s'agit de personnes qui peuvent (ou prétendent) favoriser la délivrance mais qui, dans la plupart des cas, effectuent des guérisons. Il est difficile de faire la distinction entre ces deux notions. Le démon est la source du mal, de la douleur et de la mort suscités par le péché. Il existe, par ailleurs, des formes de mal directement provoquées par le Malin; l'Évangile nous en offre quelques exemples : la femme voûtée depuis dix-huit ans (par la paralysie?) et le sourd-muet. Dans les deux cas, le mal était dû à une présence satanique, et le Seigneur l'a supprimé en chassant le démon. La règle que nous avons évoquée est généralement valable : dans le cas d'un mal d'origine maléfique, les médicaments n'ont aucun effet alors que les prières de guérison, si. Il est également vrai qu'une présence diabolique prolongée déclenche souvent chez la victime des troubles essentiellement psychiques qui doivent être soignés de manière appropriée, même après la délivrance.

Signalons que ce domaine requiert des compétences spécifiques qui ne sont pas celles d'un exorciste. Ce dernier doit suffisamment bien connaître les maladies mentales pour savoir si l'intervention d'un psychiatre s'avère nécessaire ou non, mais on ne peut pas demander à un exorciste d'être aussi instruit qu'un psychiatre à ce sujet. Un exorciste doit donc posséder des connaissances dans le secteur de la parapsychologie et des pouvoirs paranormaux; il ne peut cependant pas rivaliser avec un spécialiste en la matière. Le surnaturel demeure son domaine spécifique et il connaît parfaitement bien les phénomènes qui en découlent ainsi que les soins de caractère surnaturel. Ces remarques préliminaires sont indispensables car la question abordée touche le surnaturel, le paranormal, le préternaturel ou l'action diabolique.

Les charismatiques. L'Esprit-Saint accorde avec une liberté divine et sous une forme déterminée ses charismes à la personne de son choix, non pas pour rendre gloire ou être utile à la personne concernée mais pour qu'elle se mette au service de ses frères. Le don de délivrance des esprits malins et de guérison constitue l'un de ces charismes. Il s'agit de dons offerts aussi bien à des individus qu'à des communautés, et ce non pas en fonction de la sainteté de la personne mais du libre choix de Dieu. L'expérience prouve cependant que Dieu accorde habituellement ces dons à des personnes droites, priant assidûment, menant une vie chrétienne exemplaire (ce qui ne signifie pas qu'elles n'ont pas de défauts!) et faisant preuve d'une humilité certaine. Notre société actuelle déborde de chefs charismatiques qui attirent toute une foule de victimes. Comment distinguer les vrais des faux? Un tel jugement incombe à l'autorité ecclésiastique qui peut faire appel à toute forme d'assistance considérée comme utile pour la réalisation d'une telle tâche.

A plusieurs reprises l'autorité ecclésiastique est effectivement intervenue pour nous mettre en garde contre les charlatans et les personnes faisant semblant d'être investies d'un pouvoir charismatique; nous n'avons pas connaissance, en revanche, de cas de charismatiques officiellement reconnus. Il s'agit d'un problème très compliqué et très difficile à résoudre; les charismes peuvent en effet cesser et il arrive que la personne choisie n'en soit plus digne : la grâce n'est un acquis pour personne. Nous pouvons énoncer quatre règles indicatives : 1° l'individu (ou la communauté) doit vivre intensément en se conformant étroitement à l'Évangile; 2° il doit être tout à fait désintéressé (et refuser toutes les offres, ces dernières pouvant faire de lui un milliardaire); 3° il doit utiliser les moyens normalement admis par l'Église, en éliminant les excentricités et les superstitions (il doit faire appel aux prières et non aux formules magiques, aux signes de croix et à l'imposition des mains sans jamais porter atteinte à la pudeur; il doit utiliser de l'eau bénite, de l'encens, des reliques sans jamais s'écarter des pratiques ecclésiastiques habituelles); il doit prier au nom de Jésus; 4° les résultats doivent être bénéfiques. La règle évangélique : «c'est au fruit qu'on reconnaît l'arbre» (Mt 12,33) demeure le critère fondamental.

Plusieurs facteurs caractérisant les guérisons obtenues par voie charismatique ont des effets sur toutes les maladies, même maléfiques, c'est-à-dire provoquées par le démon; ils reposent non pas sur la capacité ou la force humaine mais sur la prière fondée sur la foi, la force du nom de Jésus et l'intercession de la Vierge et des saints; le chef charismatique ne perd pas son énergie et n'a donc pas besoin de se reposer pour reprendre des forces (comme le font les guérisseurs, les rhabdomanciens, etc.), il ne subit pas de réactions physiques et n'est qu'un intermédiaire actif de la grâce. Les guérisons charismatiques n'ont pas pour but de mettre le chef charismatique sur un piédestal mais de louer Dieu et d'affermir la foi et la prière.

·Il me semble bon d'ajouter encore quelques mots à ce sujet étant donné que les affirmations du Concile Vatican II en la matière n'ont pas été mises en application. Les thèses du rationalisme et du naturalisme ont gagné de plus en plus de terrain; les manifestations extraordinaires, les miracles, la présence de saints, les apparitions, etc., qui devraient être accueillis avec reconnaissance, suscitent au contraire des réactions de méfiance, entraînent des condamnations sans fondement ou sont du moins considérés comme des histoires terriblement gênantes. Toutes les Églises ont abandonné les prières des premiers chrétiens : «Et maintenant, Seigneur, considérez leurs menaces, et donnez à vos serviteurs d'annoncer votre parole avec une pleine assurance, en étendant votre main pour qu'il se fasse des guérisons, des miracles et des prodiges par le nom de votre saint serviteur Jésus» (Ac 4,29-30). Il semble que, de nos jours, ces dons ne font plus que déranger.

Vatican II affirme que l'Esprit-Saint «dispense des grâces spéciales aux fidèles de tout ordre. Ces charismes, qu'ils soient extraordinaires ou simples, doivent être accueillis avec reconnaissance et dévotion». Ce document rappelle ensuite que les dons extraordinaires doivent être demandés avec prudence. En ce qui concerne la qualité et la bonne utilisation de ces derniers, «c'est l'autorité ecclésiastique qui est seul juge; elle doit *surtout* veiller à ne pas éteindre l'Esprit, examiner toute chose et retenir ce qui est bon» (LG 12). Ces directives n'ont pratiquement été appliquées nulle part. Les affirmations du Concile selon lesquelles tout individu, même laïque, qui reçoit des charismes de l'Esprit-Saint a *le droit et le devoir* de les exercer (AA 3) sous la direction et le jugement des évêques, sont donc inutiles. Je me réjouis de la naissance d'organismes tels que le Mouvement charismatique d'Assise, qui se proposent d'aider les évêques dans leur travail de discernement. Il s'agit d'un domaine ouvert qu'il faut mettre en œuvre.

Les voyants et les médiums. Je regroupe ces deux catégories ensemble car elles présentent au fond les mêmes caractéristiques : les premiers voient et les seconds *sentent;* ils expriment tous les deux ce qu'ils ont éprouvé au contact d'objets ou de personnes. Pour ne pas trop me disperser, je n'examinerai que ce qui est en rapport avec mon domaine spécifique, à savoir les influences maléfiques exercées sur des gens, des objets ou des maisons. J'ai souvent été confronté à ce type de personnes : je les ai parfois directement consultées ou invitées à s'unir dans la prière à mes exorcismes afin de savoir ce qu'elles avaient vu ou ressenti. Je me suis rendu compte que les réponses dépendaient de l'esprit de sagesse.

Certaines d'entre elles, dès qu'elles voient des individus possédés ou infestés ou qu'elles se trouvent à côté d'eux, éprouvent tout de suite un malaise; dans certains cas elles se sentent mal, dans d'autres elles voient et décrivent le malheur qui frappe les sujets en question. Il suffit de leur confier une photographie, une lettre ou un objet appartenant à l'individu sur lequel portent tous les soupçons pour obtenir une réponse : elles nous diront s'il n'a rien, s'il est victime d'un pouvoir maléfique ou s'il est dangereux parce qu'il jette des maléfices sur d'autres gens. Il leur suffit souvent d'entendre le son de la voix. Des personnes désirant, par exemple, savoir si elles ont subi une influence maléfique, téléphonent à un voyant ou à un médium qui trouve une réponse à leur problème. Les voyants et les médiums sont capables de dire, en se rendant dans des maisons que l'on croit maudites en raison des phénomènes étranges qui s'y produisent, si le maléfice existe réellement ou non; ils reconnaissent les objets sous l'emprise d'un sort et devant, par conséquent, être brûlés; ils savent, par exemple, quels oreillers ou quels matelas il faut ouvrir pour y trouver les objets étranges dont nous avons déjà parlé. Mais ils peuvent se tromper : leurs sensations doivent donc être contrôlées. Cependant, ils parviennent, parfois, en remontant dans la vie d'une personne, à indiquer avec une précision surprenante l'âge à laquelle cette dernière a été frappée par un maléfice, la manière dont ce dernier a été exécuté, le but poursuivi et les inconvénients qui en ont découlé. Ils réussissent même, dans certains cas, à en découvrir l'auteur.

Un jour, alors que je venais de faire entrer dans le parloir un homme qui souhaitait être béni, je me rappelai que je devais téléphoner à un médium. Je courus vers le téléphone et il me répondit : «Vous êtes sur le point de bénir un homme d'une cinquantaine d'années qui a été victime, à seize ans, d'un sort jeté contre lui mais visant en réalité son père; on lui a fait boire du vin soumis à un maléfice et un objet sous l'emprise d'un sort fut jeté au fond d'un puits. Il commença, dès lors, à se sentir de plus en plus mal et tous les remèdes s'avérèrent inefficaces. Quelques années plus tard, il perdit son père et se sentit subitement mieux. Il demeura, cependant, mentalement handicapé, ne pouvant se concentrer sur aucun travail. Vous pouvez toujours essayer de le bénir mais je vous signale que le mal est ancré depuis trop longtemps et que vous n'obtiendrez rien.» Le médium avait raison. Dans d'autres cas, les médiums m'indiquaient, pendant mes séances d'exorcisme, les parties du corps les plus touchées que je devais bénir avec l'étole ou enduire d'huile. A la fin de la séance, la victime confirmait que ces parties étaient bien celles qui lui faisaient le plus mal.

Je pourrais évoquer une multitude d'autres cas similaires. Je dirai simplement que les personnes que j'ai choisies (parmi toutes celles qui m'ont été pré-sentées en tant que médiums) priaient beaucoup, étaient désintéressées, pleines de bonté et de charité et faisaient surtout preuve d'humilité; si je n'avais pas découvert par hasard ou par ouï-dire leur talent, elles ne me l'auraient jamais avoué. S'agit-il d'un charisme? D'une faculté paranormale? Je pense qu'il s'agit plutôt d'un don paranormal visant à faire le bien. Je n'écarte cependant pas l'idée qu'un tel pouvoir puisse être associé à un charisme. Je n'ai remarqué chez ces personnes aucun signe de fatigue dû à une perte d'énergie. J'ai constaté au contraire que leurs capacités augmentaient à mesure qu'on les exploitait, ce qui laisse supposer qu'il existe, à l'origine, une faculté paranormale. J'ajoute que ces personnes m'ont parfois aidé à établir un diagnostic mais qu'elles ne m'ont pas été d'un grand recours pour définir la méthode de guérison, exception faite de l'aide apportée par leurs prières et des conseils judicieux qu'elles donnaient aux victimes.

Les guérisseurs. Il s'agit ici de guérisons réalisées par une communication d'énergie généralement transmise moyennant l'imposition des mains. Ces phénomènes relèvent entièrement du domaine du paranormal dont le Professeur Emilio Servadio est l'un des plus grands spécialistes en Italie. Sans entrer dans les détails d'un secteur qui n'est pas de mon ressort, je dirai que les guérisseurs, comme les médecins et les spécialistes ès sciences humaines, n'exercent aucune influence sur les différents maux de nature maléfique.

Les pranothérapeutes. Leur nombre, comme celui des guérisseurs, s'est accru de manière démesurée ces dernières années. Ce n'est pas à moi de fournir des explications sur la théorie du prana ou du

bioplasma qui est un domaine étudié mais pas encore
élevé au rang de science par les spécialistes reconnus.
Je me contenterai de rappeler les conclusions
auxquelles aboutit le Père La Grua dans son livre
intitulé *La preghiera di guarigione* : «Le fait que des
guérisons se produisent grâce à une énergie transmise par le guérisseur au malade, à une charge
psychique ou à des énergies de réserve n'implique
nullement que ces guérisons puissent être comparées
à des guérisons charismatiques. Le danger d'une
infiltration des esprits est, en outre, toujours présent.
Voilà pourquoi il convient d'agir avec une extrême
prudence dans ce domaine.»

J'ai connu plusieurs pranothérapeutes vraiment
désintéressés, ayant la foi et mettant leurs qualités au
service des autres dans un esprit de charité pure.
Ces personnes se comptent cependant sur les doigts
de la main ("deux sur mille" selon le Père Pellegrino
Ernetti, l'exorciste célèbre de Venise). Nous, les
chrétiens, nous éprouvons une certaine méfiance à
l'égard de la pranothérapie. On peut toujours recevoir des "dons" du démon, même à notre insu.

Les magiciens. Nous en avons déjà suffisamment
parlé. Rappelons-nous simplement de la manière
dont certaines guérisons peuvent se produire par
l'action du démon qui emprunte, parfois, le nom
d'entités extra-terrestres ou de guides spirituels.
Jésus lui-même nous met en garde contre ces
individus : «Car il s'élèvera de faux Christs et de
faux prophètes, et ils feront de grands prodiges et
des choses extra-ordinaires, jusqu'à séduire, s'il se
pouvait, les élus mêmes» (Mt 24,24).

La foule de faux magiciens, de simples charlatans et d'escrocs qui trompent les gens en leur donnant des objets tels que talismans, rubans, sachets, constitue une tout autre catégorie qui n'a rien à voir avec la puissance diabolique. J'ai brûlé un rouleau de papier comportant des mots incompréhensibles et fermé par une corde : ce talisman coûtait la bagatelle d'environ 60 000 francs! J'ai également rencontré un homme qui avait dépensé environ 100 000 francs pour un petit sachet contenant des babioles censées le délivrer de toutes sortes de malheurs.

Les tsiganes. Je crois qu'il est utile d'en dire quelques mots car nous sommes toujours amenés à en croiser un jour ou l'autre.

Je ne reviendrai pas sur ce que j'ai dit à propos des cartomanciens et des escrocs. Je m'intéresse à un autre aspect que je vais illustrer, dans un premier temps, par des exemples. J'ai exorcisé une femme possédée du démon. Elle souffrait depuis longtemps de différents types de troubles mais n'avait jamais pensé pouvoir être victime d'un tel fléau. Une jeune tsigane à laquelle la femme malade avait rendu service, lui dit : «Madame, vous vous sentez mal parce que l'on vous a jeté un sort. Apportez-moi un œuf frais.» Elle obéit et la tsigane, après lui avoir mis l'œuf sur la poitrine, récita une brève prière dans une langue inconnue (en *romani?*), puis cassa l'œuf d'où s'échappa un petit serpent. Quelques mois après, cette femme eut l'occasion d'aider une autre tsigane, d'une origine différente de la première, qui lui fit la même remarque : «Vous souffrez depuis de nombreuses années, madame, parce que vous avez été victime d'un sort. Il faut que vous vous en débarrassiez. Apportez-moi un œuf frais.» Cette fois-ci, la femme revint avec son mari. La tsigane posa l'œuf sur la poitrine de la victime et, après avoir récité une brève prière, cassa l'œuf d'où sortit une touffe de cheveux.

Un de mes amis qui est médecin à Rome fut abordé, en sortant de la basilique de Saint-Jean-de-Latran, par une tsigane qui demandait l'aumône. Il y en a toujours à cet endroit. Il ouvrit son portefeuille et, n'ayant pas de pièces de 5 francs, lui donna un billet de 50. La tsigane le regarda et lui dit : «Vous avez été très généreux avec moi; moi aussi je veux vous faire du bien.» Elle décrivit immédiatement les troubles de santé qui l'affectaient et lui conseilla vivement de se soigner (il connaissait bien ces troubles mais... en bon médecin, n'y prêtait pas attention). Elle lui apprit en outre qu'il serait victime d'une escroquerie s'il ne prenait pas les mesures de protection nécessaires. Tous ces faits sont véridiques.

Quelle est leur explication? Elle n'est pas facile à donner. Il paraît que certaines tsiganes ont des pouvoirs paranormaux qu'elles se transmettent de génération en génération depuis des siècles. Il s'agit cependant de cas exceptionnels. Les tsiganes ont généralement recours à la magie et à toute forme de superstition. Cette coutume existe depuis des siècles et se transmet de mère en fille (ce sont toujours les femmes qui pratiquent la magie).

Signalons que les charismatiques, les médiums et les exorcistes eux-mêmes sont toujours attirés par les solutions de guérison les plus rapides, laissent de côté les moyens sacrés habituels et tombent, plus ou moins involontairement, dans le piège de la magie. On s'aperçoit par exemple qu'en versant des gouttes d'huile dans une petite assiette remplie d'eau et en prononçant en même temps des noms, on obtient des résultats, ce qui donne naissance à tout un cycle de pratiques magiques. J'ai vu des charismatiques qui se sont convertis à la magie mais l'ont abandonnée ensuite; cependant tous ne sont pas capables de faire marche arrière. J'ai également vu des prêtres non exorcistes employer des méthodes à succès, sans s'apercevoir qu'ils accomplissaient en fait de la magie pure. Le démon est malin : il est toujours prêt à nous promettre monts et merveilles si nous nous prosternons devant lui!

LA CENDRILLON DU RITUEL

Bon nombre d'années se sont écoulées depuis la fin du Concile Vatican II. Les différentes parties du Rituel ont été révisées en fonction des directives du Concile. La seule partie qui soit encore en "chantier" est celle concernant les exorcismes. Il est vrai qu'elle repose sur toute la doctrine des Saintes Écritures, de la théologie et du magistère de l'Église. Nous avons cité, dans d'autres chapitres, plusieurs textes du Concile Vatican II. Je n'ai pas l'intention de rapporter ici les trois discours de Paul VI et les quatorze autres de Jean-Paul II. Je ne citerai qu'une phrase de Paul VI, extraite de son discours du 15 novembre 1972 :

«*Quiconque n'admet pas son existence* [la réalité démoniaque], *ou la considère comme un phénomène indépendant n'ayant pas, contrairement à toute créature, Dieu pour origine, ou bien encore la définit comme une pseudo-réalité, comme une personnification conceptuelle et fantastique des origines inconnues de nos maladies, transgresse l'enseignement biblique et ecclésiastique.*»

Il ajoute plus loin :

«*La question du démon et de son influence éventuelle sur des individus, des communautés, des sociétés tout entières ou des événements devrait occuper une place extrêmement importante dans la doctrine catholique et faire l'objet d'une nouvelle étude, ce qui n'est pas le cas aujourd'hui.»*

Pour beaucoup de prêtres contemporains, il ne s'agit en fait que de paroles en l'air : que ce soient celles de la Bible, de la tradition ou du magistère. Mgr Balducci écrit à juste titre : *«Il faut que le public prenne conscience de la crise que traverse l'Église, au moins en ce qui concerne la doctrine!»* (*Il Diavolo*, Éditions Piemme, p. 163). On m'a dit qu'un grand nombre de mes articles reflétait un esprit polémique à l'égard de certains théologiens, évêques et exorcistes. Mon intention n'était pas de critiquer mais de faire éclater la vérité car la crise n'est pas seulement doctrinale : elle est surtout pastorale, c'est-à-dire qu'elle concerne les évêques qui ne nomment pas d'exorcistes et les prêtres qui n'y croient plus. Sans vouloir généraliser, il faut reconnaître qu'aujourd'hui les personnes tourmentées par le démon sont innombrables et qu'à chaque fois qu'elles souhaitent consulter un exorciste, elles finissent toujours par se retrouver devant un panneau indiquant "travaux en cours".

Commençons par les théologiens et citons, en premier lieu, Luigi Sartori qui est l'une des personnes les plus connues et estimées dans ce domaine. Voici ce qu'il écrit : *«Il est probable que, dans certains cas, les personnes guéries par Jésus soient davantage affectées par des maladies mentales que vraiment possédées du démon.»* Cette insinuation est totalement fausse. L'Évangile fait toujours une distinction très nette entre la guérison d'une maladie et la délivrance du démon, entre le pouvoir que Dieu nous accorde pour chasser les démons et celui qu'il nous concède pour guérir les malades. Il arrive que les évangélistes ne connaissent pas l'appellation scientifique des maladies, mais ils savent parfaitement faire la différence entre une maladie et une possession diabolique. Ce qui n'est pas en revanche le cas de Luigi Sartori. Nous avons vu l'importance que revêt la chasse aux démons dans l'œuvre du Christ. Les soixante-douze disciples, désignés par Jésus pour aller prêcher, deux à deux, résumèrent ainsi, pleins de joie, les résultats de leur action : «Seigneur, les démons mêmes nous sont soumis en votre Nom!». Et Jésus répondit : «Je contemplais Satan tombant du ciel comme la foudre. Voilà que je vous ai donné le pouvoir de fouler aux pieds les serpents et les scorpions et toute la puissance de l'ennemi, et elle ne pourra vous nuire en rien» (Lc 10,17-18). Il n'est pas étonnant que Sartori conclue son article de cette manière : «Jésus, en sa qualité de thaumaturge, mettait surtout l'accent sur la force de l'amour et instaurait des rapports de sympathie réciproque; c'est pour cette raison qu'il faisait des miracles et *non parce qu'il disposait de forces sacrées et secrètes* propres à un magicien» (*Famiglia Cristiana* n° 19, 10 mai 1989). Erreur, cher théologien, Jésus ne recherchait pas la sympathie et n'était pas doté des forces secrètes d'un magicien. Il bénéficiait par contre de l'omnipotence de Dieu et démontrait par ses œuvres qu'il était Dieu. Aux yeux de certains théologiens modernes, cependant, ce ne sont là que des points de détail.

Passons à un autre théologien : Luigi Lorenzetti. Il admet que «le croyant ne peut exclure, dans l'absolu, l'interprétation démoniaque de certains faits», mais il s'empresse d'ajouter qu'«il est difficile, voire *impossible*, de définir avec certitude la présence du démon dans des cas concrets». Si c'est *impossible*, les actes de délivrance effectués par Jésus ou les apôtres ne sont pas crédibles; les pouvoirs conférés par Jésus à l'Église pour chasser les démons, les dispositions ecclésiastiques en matière d'exorcismes et les exorcistes eux-mêmes deviennent alors inutiles. Mon cher théologien, vous n'avez pas la capacité de juger si, dans des cas concrets, le démon est présent ou non parce que vous n'avez aucune expérience en la matière et que vous ne sauriez pas faire la différence entre une personne possédée du démon et une personne enrhumée. Vous concluez donc tout simplement en disant que : «Généralement, nous ne nous trompons pas en remplaçant l'interprétation magico-démoniaque des faits par une interprétation scientifico-naturelle» (*Famiglia Cristiana* n° 39, 5 octobre 1988). Cela revient à dire : je crois au démon en théorie pour ne pas être considéré comme un hérétique, mais je n'y crois pas dans la pratique car, dans la vie de tous les jours, je n'ai confiance que dans les sciences naturelles.

Si telle est l'opinion des théologiens renommés, que doivent penser les simples prêtres? Je me rends compte chaque jour qu'ils ne croient pas au mal démoniaque. Ils associent parfois ce phénomène aux machinations et aux escroqueries mises en œuvre par ceux qui abusent de la crédulité populaire pour gagner facilement de l'argent. Les propos d'un curé de Palerme, D. Salvatore Caione, dont le n° 6 de *Famiglia Cristiana* fait la publicité, reflètent bien cette tendance. A l'enseigne du slogan : "Les sorts n'existent pas", il considère toute action comme une escroquerie et met tout le monde dans le même sac, y compris les sorciers, les cartomanciens et les exorcistes (en dépit du fait qu'ils sont nommés par l'évêque selon les règles ecclésiastiques). Il est indubitable qu'un grand nombre de gens font l'objet d'escroqueries. Mais ce n'est certainement pas par l'erreur que l'on enseigne la vérité. Ces subtilités échappent à D. Salvatore et à ceux qui publient ses idées, ne se rendant pas compte des erreurs grossières qu'elles renferment.

Il est évident qu'en mélangeant l'erreur et la vérité, il existe très peu d'exorcistes et que les gens s'adressent plutôt à des magiciens, des sorciers et des cartomanciens dont le nombre augmente de manière disproportionnée. Le croyant n'est instruit par personne. J'ai exorcisé une religieuse dans un état de santé déplorable, car elle était possédée du démon qui faisait progressivement empirer son état depuis dix ans. J'appelai la Mère supérieure et je lui dis qu'on n'attendait pas que quelqu'un soit moribond pour recourir au médecin; on l'appelle dès les premiers symptômes du mal. Elle me répondit : «Vous avez raison, mais jamais aucun prêtre ne nous a enseigné cela.» Elle m'apprit également que cette religieuse avait consulté un grand nombre d'ecclésiastiques (sans parler des médecins), et que jamais personne n'avait envisagé la véritable cause de sa maladie incurable.

Il est vrai que j'ai critiqué aussi certains exorcistes dans mes articles. J'ai dit qu'«il n'y avait plus d'école» : dans les diocèses, l'exorciste expérimenté ne transmet plus son savoir à l'exorciste débutant, ce qui explique que certains exorcistes ne connaissent même pas les rudiments du métier. Je m'en suis pris à Mgr Giuseppe Ruata, chanoine de la cathédrale et coordinateur des exorcistes de Turin. Franca Zambonini, envoyée par le Cardinal Ballestrero, l'interviewa pour la revue *Famiglia Cristiana* (du 30 mars 1988). Lorsque quelqu'un affirme que «la possession diabolique est limitée dans le temps et ne dure que quelques heures ou quelques jours», il est clair que cette personne n'a pas la moindre expérience. Cela indique en outre qu'il n'a remarqué, chez aucune des personnes qui se sont adressées à lui, de signes laissant supposer qu'un exorcisme était nécessaire. En ce qui me concerne, j'ai exorcisé durant quatre années de travail harassant plus de huit mille personnes (j'ai été obligé de ralentir le rythme ces derniers temps), dont soixante et une étaient possédées depuis des dizaines d'années. Il y a des personnes qui, après une quinzaine d'années de bénédictions, voire davantage, ne sont pas encore délivrées du mal.

J'ai également vivement critiqué Mgr Giuseppe Vignini, pénitencier à la cathédrale de Florence et exorciste, pour ses quatre articles publiés dans *Toscana Oggi* (octobre et novembre 1988; janvier 1989). Quand un exorciste écrit que la magie, les messes noires, les sorts, etc. sont des "artifices inoffensifs et le fruit d'une imagination sous l'emprise de la suggestion", lorsqu'il affirme que l'exorcisme n'est pas un sacrement mais une simple invocation en ignorant qu'il s'agit, en fait, d'un sacramental, quand il conclut ses divagations en affirmant que, dans la pratique, *il ne faut jamais faire d'exorcismes*, on ne peut que lui dire, avec tout le respect qu'on lui doit : «De deux choses l'une, ou vous vous renseignez ou vous changez de métier.»

Certains exorcistes ne possèdent même pas le Rituel, ils ne connaissent ni les règles à suivre ni les prières à réciter, exception faite d'une traduction italienne incomplète et peu fiable de l'exorcisme de Léon XIII. Le cas d'Annaliese Michel, une jeune Allemande de 24 ans, originaire de Klingenberg qui mourut en 1976 à la suite d'une longue série d'exorcismes, fit la une de toute la presse mondiale. Le fait que les deux prêtres-exorcistes aient été dénoncés et soumis à une procédure pénale contribua à donner de l'ampleur à cette affaire. Il semble, d'après les données fournies par la presse et d'autres publications telles que le livre de Kasper et Lehmann publié en Italie par Queriniana en 1983 sous le titre : *Diavoli demoni possessione*, que les deux prêtres conclurent un peu trop facilement qu'ils se trouvaient devant un cas de possession diabolique et que, tout en agissant toujours en présence et avec l'accord des parents de la jeune fille, ils se laissèrent quelque peu guider par cette dernière qui leur donnait des indications nécessaires selon elle à la délivrance.

Le livre intitulé *Anneliese Michel*, de Kaspar Bullinger (Éditions Ruhland, Altötting 1983), qui parut par la suite, analyse en détail cet événement. Il s'agit d'une étude qui, en substance, disculpe entièrement ces deux exorcistes et démontre le sérieux de l'évêque ayant autorisé les deux prêtres à procéder aux exorcismes; on y précise les causes de la mort de la jeune fille, qui ne sont pas liées au sacramental utilisé. Cet épisode dissuada en tout cas les prêtres d'assumer la fonction d'exorciste.

Venons-en enfin aux évêques. Il est vrai que je leur en ai voulu aussi parce que je les aime et que je souhaite leur salut. Le Droit Canon ne prévoit pas le délit d'omission d'actes d'office mais, d'après le Jugement dernier tel qu'il est rapporté dans le chapitre 5 de l'Évangile de saint Matthieu, le péché d'omission est impardonnable.

Je me souviens encore de l'intervention particulièrement malheureuse d'un archevêque célèbre au cours d'une émission de télévision très regardée, le 25 novembre 1988. Il se vantait, paraît-il, de n'avoir jamais pratiqué d'exorcisme et de n'avoir jamais nommé d'exorcistes. Heureusement M. Formigoni, député de *Comunione e Liberazione*, était présent pour défendre le point de vue des chrétiens. J'ai également conservé dans mes dossiers toute une série de réponses fournies par des évêques qui, sans vouloir généraliser, ne font pas honneur à l'épiscopat italien. Elles m'ont été rapportées par des personnes originaires de différentes régions d'Italie, auxquelles j'avais conseillé de s'adresser d'abord à leur évêque avant de venir me voir. Voici les réponses les plus fréquentes :

«Moi, c'est par principe que je ne nomme pas d'exorcistes.» – «Moi, je ne crois qu'en la parapsychologie.» – «Mais vous croyez encore à ces choses-là?» – «Je n'ai rencontré aucun prêtre qui soit disposé à accepter une telle mission; cherchez ailleurs.» – «Je ne nomme pas d'exorcistes et je ne fais pas d'exorcismes parce que j'ai peur. Si le démon se révolte contre moi, que puis-je faire pour me défendre?» – «J'aimerais bien savoir qui vous a mis ces bêtises dans la tête», etc.

Toutes ces réponses font souffrir énormément la personne à qui elle s'adressent; je ne sais pas s'il en va de même pour ceux qui tiennent de tels propos. Dans la plupart des cas, il s'agit de gens ayant signalé à leur évêque qu'ils avaient reçu des bénédictions du Père Candido, ce dernier les ayant avertis qu'ils devaient continuer à en recevoir. Dans la pratique, le diagnostic avait donc déjà été fait par un exorciste célèbre et très compétent.

Je n'ai certes pas l'intention de généraliser. C'est grâce à la sensibilité et à l'initiative du Cardinal Poletti que je suis devenu exorciste; je crois que tout exorciste doit être reconnaissant à son évêque. Toutefois, vu la pénurie d'exorcistes, ce domaine ne suscite manifestement qu'un intérêt minime.

Dans d'autres pays européens, la situation est pire qu'en Italie. J'ai exorcisé des personnes arrivant d'Allemagne, d'Autriche, de France, de Suisse, d'Angleterre et d'Espagne. Elles sont toutes venues exprès voir le Père Candido en raison de sa réputation, et ont dû se résigner ensuite à se rabattre sur son élève. Ces personnes étaient obligées de se déplacer car elles n'avaient pas trouvé d'exorcistes dans leur pays. Un Suisse m'assura qu'il avait téléphoné à tous les évêques catholiques et qu'il n'avait obtenu que des réponses négatives. Cela ne signifie pas qu'il n'existe pas d'exorcistes dans ce pays mais qu'il est incontestablement difficile de les identifier. Venir exprès à Rome pour un exorcisme ne constitue pas à proprement parler une partie de plaisir.

J'insiste sur le fait que la situation à l'étranger est pire qu'en Italie. Voici un exemple révélateur. Mes confrères américains, qui souhaitaient faire traduire le livre de Balducci, *Il diavolo*, ont été obligés par le

réviseur diocésain de supprimer les passages traitant
de la possession diabolique afin d'obtenir l'impri-
matur. On remarquera l'incohérence d'une telle
disposition, car il est question, dans ces passages, non
seulement de faits historiquement documentés mais
également de la mise en pratique des principes
exposés dans le livre. C'est l'erreur habituelle qui se
reproduit : on accepte la présence du démon, dans
l'absolu, pour ne pas être qualifié d'hérétique, mais
on la refuse catégoriquement dès qu'il s'agit de cas
concrets.

La situation est tout autre chez certaines
confessions protestantes. Il en existe même à Rome ;
elles prennent ce problème très au sérieux, étudient
les différents cas et, lorsqu'elles parviennent à
discerner la présence du Malin, pratiquent l'exorcisme dont j'ai moi-même pu constater l'efficacité.
Il est clair que les catholiques, mais également tous
ceux qui croient en Christ, ont le pouvoir de chasser
le démon en son Nom. Nous ne devons pas être
jaloux mais nous référer à l'Évangile. Lorsque Jean
dit à Jésus : «Maître, nous avons vu un homme qui
ne va pas avec nous, chasser les démons en votre
Nom, et nous l'avons empêché» (Mc 9,38-40), le
Seigneur se fâcha contre les Apôtres.

Cette découverte a été faite par des membres du
mouvement du Renouveau qui sont devenus des
adeptes des *prières de délivrance* ; ces dernières sont
très efficaces malgré les critères précis qui les ré-
gissent. C'est justement pour réglementer ces prières
que le Cardinal Suenens a écrit un livre intitulé
Rinnovamento e potenze delle tenebre (Ed. Paoline,
1982) et qui comporte une présentation du Cardinal
Ratzinger. Il écrit : «Beaucoup de catholiques liés au

mouvement du Renouveau ont découvert la pratique de la délivrance chez des chrétiens de traditions différentes appartenant le plus souvent à la mouvance des Églises évangélistes ou des Pentecôtistes; une grande partie des livres qu'ils ont lus ou lisent encore maintenant sont diffusés par ces mouvements. Un nombre incroyable de ces ouvrages traitent du Diable et de ses acolytes, de sa stratégie, de ses moyens d'action, etc. Dans l'Église catholique ce domaine n'a quasiment pas été exploré et notre pastorale n'a pas fourni de directives adaptées à notre temps» (pages 79-80).

Nous reviendrons sur ce reproche fait à l'Église catholique dans le chapitre suivant; il est juste, cependant, d'écouter celui qui observe de plus près l'Évangile.

Sur cette question et celle concernant l'étude et la divulgation de la Bible, nous, les catholiques, nous n'avons pas beaucoup avancé en comparaison avec certaines confessions protestantes. Je ne répéterai jamais assez que le rationalisme et le matérialisme ont eu une influence négative sur toute une catégorie de théologiens, ce qui n'a pas manqué de marquer profondément un certain nombre d'évêques et de prêtres. Et c'est finalement le peuple de Dieu qui en pâtit.

Le seul évêque exorciste que je connaisse en Italie est Mgr Milingo, Africain, qui est en butte à de multiples contestations. Je sais en outre que le Pape a pratiqué deux exorcismes. Je n'en sais pas plus, mais je me réjouirais d'apprendre l'existence d'autres cas.

Je conclus en disant que ce livre a entre autres pour objectif de contribuer à rétablir dans l'Église

catholique la pastorale relative à l'exorcisme. S'agissant d'un mandat bien précis confié par le Seigneur,
il serait impardonnable de le négliger. Le chapitre
suivant aborde cette question.

ANNEXE 3

La pensée de saint Irénée

A l'intention des théologiens modernes et pour leur information, nous rapportons ici la pensée de saint Irénée, l'un des premiers théologiens de l'histoire. Il s'agit d'un extrait du mensuel intitulé Il segno del soprannaturale, *de septembre 1989, signé par un grand chercheur sous le sigle ALPE.*

Né en 140 environ en Asie Mineure, Irénée fut évêque de Lyon et fondateur de l'Église en Gaule; il mourut aux alentours de l'an 202, vraisemblablement en martyr. Son œuvre principale s'intitule *Adversus Hæreses* ("Contre les hérétiques") : il y réfute en bloc la thèse des hérétiques gnostiques selon laquelle le monde aurait été conçu par un être méchant. Le vrai créateur est le Logos, c'est-à-dire le Verbe du Dieu bon. Les anges font partie du cosmos créé par Dieu et le Diable est, lui aussi, comme les autres anges, un ange bon à l'origine, à savoir une créature inférieure et subordonnée à Dieu de façon indissociable et éternelle; mais «il a commis l'apostasie» et en conséquence, est tombé du ciel. Satan est donc l'apostat par antonomase et le menteur de l'univers «souhaitant tromper nos esprits, noircir nos cœurs et nous persuader de l'adorer lui et non pas le vrai Dieu».

Les pouvoirs qu'il exerce sur nous s'avèrent néanmoins limités parce qu'il n'est qu'un *usurpateur de l'autorité* appartenant légitimement et fondamentalement à Dieu et qu'«il ne peut pas nous obliger à pécher».

Irénée affirme que Satan a perdu sa grâce angélique pour avoir été jaloux de Dieu et souhaité «être adoré comme Lui»; il a éprouvé le même sentiment à l'égard de l'homme, en tant qu'image de Dieu. Nous, les hommes, constituons l'objet principal de sa jalousie et c'est pour cette raison qu'il a pénétré dans l'Éden, le cœur perverti par le désir de nuire à nos premiers parents. Irénée est le premier théologien chrétien à avoir élaboré et développé une théologie du péché originel : Dieu a créé Adam et Ève et les a conduits au Paradis pour qu'ils y vivent heureux, en rapport étroit avec Lui. Mais Satan qui connaissait leur faiblesse, est entré dans le jardin et les a tentés, en revêtant la forme d'un serpent.

La méchanceté de Satan aurait pu demeurer sans effet si Dieu n'avait pas donné à l'humanité la liberté de choisir entre le bien et le mal. Satan «n'a pas contraint» le premier homme et la première femme à pécher; «ils ont agi de leur plein gré car Dieu les a justement créés en leur faisant le don immense du libre arbitre. Satan est le seul tentateur véritable et obstiné parce qu'il envie l'état originel de nos premiers parents».

C'est pourquoi tous les êtres humains participent au péché d'Adam et Ève. Nous sommes depuis lors devenus esclaves du démon et, pis encore, nous nous montrons volontairement incapables de nous libérer de lui. Assujettis à Satan, nous avons déformé notre image et notre ressemblance divine, nous condamnant ainsi à mort. Le bonheur de l'Éden a été détruit. Ayant librement choisi de tourner le dos à Dieu, nous nous sommes livrés à Satan; il est donc juste que Satan nous garde sous son emprise jusqu'à ce que nous nous rachetions. «En ce qui concerne la justice, au sens strict du terme, Dieu aurait pu nous laisser pour toujours entre les mains de Satan mais il nous a envoyé, par miséricorde, son Fils pour nous sauver.»

L'œuvre salvatrice du Christ commence par les tentations du Diable à l'égard du second Adam. C'est là une "récapitulation" de la tentation du premier Adam; mais cette fois-ci le Diable échoue et est dé-finitivement vaincu par le Christ. La tradition chré-tienne fournit trois interprétations principales de l'œuvre salvatrice de la Passion du Christ :

a) La première interprétation veut que la nature humaine ait été sanctifiée, ennoblie, transformée et sauvée par le Christ lorsqu'il s'est fait homme.

b) Selon la deuxième, le Christ a été offert en sacrifice à Dieu pour le réconcilier avec les hommes.

c) La troisième interprétation, à savoir la *théorie du rachat* dont Irénée fut le premier défenseur, repose sur les arguments suivants : «Puisque Satan gardait légitimement la race humaine en prison, Dieu s'est offert pour racheter notre liberté par sa propre personne; Lui seul pouvait en payer le prix et se soumettre librement; personne n'aurait pu agir ainsi car le péché originel nous avait tous privés de notre liberté. Dieu le Père nous a livré son Fils Jésus pour nous libérer, nous les otages du démon. Les souffrances du Christ ont paralysé le Diable en nous sauvant de la mort et de la damnation.»

La théorie du sacrifice qui était la deuxième grande théorie de l'époque d'Irénée, soutenait que le Christ, à la fois homme et Dieu, avait pris sur lui tous les péchés de l'humanité et, s'étant livré à la mort de son propre gré, avait offert à Dieu une récompense adéquate. *La théorie du rachat* reflétait, bien qu'elle ait été formulée parfois de manière maladroite, l'accent mis par les pères apostoliques sur la *bataille cosmique* entre le Christ et Satan et correspondait assez bien, dans son ensemble, aux thèses dualistes modérées du début du christianisme. Selon Irénée, le Christ est le second Adam, celui qui nous a délivré des chaînes de la mort imposées par la faiblesse du premier Adam. La notion de *récapitulation*, (Christ, le deuxième Homme, annule les dommages causés par le premier Homme) constituait le point central de la christologie d'Irénée.

«Bien que vaincu par le Christ, Satan continue à entraver de toutes ses forces le salut des hommes. Il encourage le paganisme, l'idolâtrie, la sorcellerie, l'impiété et plus particulièrement l'hérésie et l'apostasie. Les hérétiques et les schismatiques qui ne se conforment pas à la véritable Église du Christ, font partie de l'armée de Satan et participent à cette guerre cosmique livrée contre le Christ.»

Irénée soutient que c'est le Christ qui défend les chrétiens contre le Diable. Ce dernier fuit aussitôt que des prières chrétiennes sont récitées et que le nom du Christ est prononcé. Toutefois, la bataille est loin d'être terminée car les démons continueront de mettre à l'épreuve, avec la permission du Créateur, l'esprit de soutien, de réconfort et de patience réciproque des chrétiens sur le plan des besoins spirituels, «pour les punir de leurs péchés, pour

mieux les purifier ou bien encore pour les convertir
à la charité fraternelle", mais surtout pour qu'ils
soient éternellement "vigilants et affermis dans leur
foi".»

**Un document du Vatican
concernant la démonologie**

Il ne faut pas croire que je suis le seul à m'être
aperçu de la naïveté de certains théologiens. Il
semble que beaucoup d'entre eux aient adopté,
comme nouveau Père de l'Église, Rudolf Bultmann
qui a écrit, entre autres : «On ne peut pas utiliser la
lumière électrique, écouter la radio ou avoir
recours, en cas de maladie, aux dernières décou-
vertes de la médecine et croire, en même temps, au
monde des esprits et des miracles tel qu'il est
proposé par le Nouveau Testament» (*Nuovo Testa-
mento e Mitologia*, Queriniana 1969, p. 110).

Considérer ainsi le progrès technique comme une
preuve indéniable du caractère désuet de la Parole de
Dieu, c'est tout simplement déraisonner. Cependant
nombreux sont les théologiens et les spécialistes de la
Bible qui croient ne pas "être à la page" s'ils
n'adoptent pas ces théories. Selon une statistique
intéressante, figurant dans le livre de Lehmann précédemment cité, des théologiens catholiques
acceptent en théorie les données traditionnelles
relatives au démon, mais les refusent lorsqu'elles
sont appliquées à la pratique pastorale; en d'autres
termes, ils ne veulent pas s'opposer formellement à
l'Église mais n'acceptent pas son enseignement dans
la pratique (p. 115). Cet ouvrage fournit également
une autre statistique intéressante, à savoir que les
connaissances des théologiens catholiques en matière
de possession diabolique et d'exorcismes sont trop
superficielles (p. 27), ce que j'ai par ailleurs toujours
affirmé.

Consciente de cette situation, la Congrégation pour la Doctrine de la Foi a soumis cette question à un expert et publié un article dans l'*Osservatore Romano* du 26 juin 1975 sous le titre : *Foi chrétienne et démonologie;* cette étude fut ensuite classée parmi les documents officiels du Saint Siège (*Enchiridion Vaticanum*, Vol. V, n° 38, dont certains extraits figurent ci-après). Son principal objectif est d'instruire les fidèles et, surtout, les théologiens égarés qui font abstraction de l'existence de Satan dans leurs études et leur enseignement, alors que le Christ «a paru pour ôter les péchés [œuvre du démon] et que le péché n'est point en lui» (1 Jn 3,5). En supprimant le démon, nous évacuons la rédemption, et celui qui ne croit pas au démon ne croit pas à l'Évangile.

Tout au long de son histoire, l'Église a toujours réprouvé les différentes formes de superstition, l'obsession de Satan et des démons ainsi que les divers types de cultes rendus à ces esprits et l'attachement morbide porté à ces derniers. Il serait donc injuste d'affirmer que le christianisme, oublieux du pouvoir universel du Christ, a fait de Satan son sujet de prédication préféré, transformant ainsi la bonne nouvelle de la résurrection du Seigneur en un message de terreur... Ne commettons pas néanmoins l'erreur funeste de nous comporter comme si la question était déjà résolue et comme si la rédemption avait exercé tous ses effets sans qu'il ne soit plus nécessaire de nous engager dans la lutte évoquée par le Nouveau Testament et les maîtres de la vie spirituelle...

Le plus souvent toutefois l'existence (de Satan) est révoquée en doute. Certains critiques, pensant pouvoir définir la position même de Jésus, prétendent qu'aucune de ses paroles ne peut garantir la réalité du monde démoniaque. L'affirmation de l'existence de ce dernier refléterait plutôt, d'après le contexte, les idées des écrits judaïques ou reposerait sur la tradition néo-testamentaire et non sur la pensée du Christ. Dans la mesure où l'existence de Satan ne ferait plus partie du message évangélique central, elle n'engagerait plus, désormais, notre foi et nous serions alors libres de l'abandonner.

D'autres critiques, plus objectifs et radicaux, acceptent les affirmations des Saintes Écritures à propos des démons dans ce qu'elles ont d'évident, mais s'empressent d'ajouter que, dans le monde d'aujourd'hui, même les chrétiens ne sont pas disposés à les recevoir. Eux aussi, par conséquent, les rejettent. Enfin, aux yeux de certains, la notion de Satan, quelle qu'en soit l'origine, n'aurait plus aucune importance; en défendant cette idée, notre enseignement perdrait, selon eux, tout crédit et ferait de l'ombre au discours sur Dieu qui, seul, mérite notre intérêt.

Ils pensent tous, en fin de compte, que les noms de Satan et de Diable ne sont que des personnifications mythiques et fonctionnelles destinées uniquement à souligner, de manière dramatique, l'influence du mal et du péché sur l'humanité. Ce n'est donc qu'une question de langage qu'il faudrait déchiffrer à notre époque pour pouvoir trouver un autre moyen d'inculquer aux chrétiens le devoir de lutter contre toutes les forces du mal dans le monde.

Ces prises de position, défendues avec érudition et divulguées par des revues ainsi que par certains *dictionnaires théologiques* ne font que troubler nos esprits; les fidèles, habitués à prendre au sérieux les avertissements du Christ et des écrits apostoliques, ont l'impression que ces discours tendent à marquer un tournant dans l'opinion publique; et ceux d'entre eux qui possèdent des connaissances dans le domaine des sciences bibliques et religieuses, se demandent jusqu'où ira ce processus de démystification engagé au nom d'une certaine herméneutique...

Les principales guérisons de possédés furent, elles aussi, effectuées par le Christ à des moments considérés comme décisifs dans les récits de son ministère. Ses exorcismes posaient et précisaient le problème de sa mission et de sa personne, comme le prouvent amplement les réactions qu'ils suscitèrent. Sans jamais placer Satan au centre de son Évangile, Jésus l'évoqua uniquement à des instants cruciaux et par d'importantes déclarations.

Signalons avant tout qu'il inaugura son ministère public en se soumettant aux tentations du Diable dans le désert. A ce sujet, le récit de Marc, par sa sobriété même, a une portée aussi décisive que ceux de Matthieu et de Luc. C'est contre cet adversaire que le Christ nous mit en garde dans son discours sur la montagne et dans la prière du *Notre Père* qu'il enseigna à ses disciples, comme le reconnaissent aujourd'hui de nombreux exégètes en se fondant sur le témoignage d'un grand nombre de liturgies.

L'Apocalypse est essentiellement, chez les témoins de son évangile, une fresque grandiose dans laquelle resplendit la puissance du Christ ressuscité : elle proclame le triomphe de l'Agneau immolé; mais on se tromperait complètement sur la nature de cette victoire si l'on n'y voyait pas la fin d'une longue lutte mettant en cause, par l'intermédiaire des puissances humaines opposées au Seigneur Jésus, Satan et ses anges. C'est en effet l'Apocalypse qui, en insistant sur la signification mystérieuse des différents noms et symboles de Satan dans l'Écriture Sainte, en dévoile définitivement l'identité. Son action se déroule tout au long de l'histoire humaine, sous le regard de Dieu.

La majorité des Pères, abandonnant (et c'était évident) avec Origène l'idée d'un péché charnel commis par les anges déchus, virent dans l'orgueil de ces derniers, c'est-à-dire dans leur désir de s'élever au-dessus de leur condition, d'affirmer leur indépendance, de se comparer à Dieu, l'origine de leur chute; mais de nombreux Pères ont dénoncé également, à côté de cet orgueil, le mauvais vouloir de ces anges à l'égard des hommes. Selon saint Irénée, l'apostasie du Diable aurait commencé au moment où celui-ci devint jaloux de la création de l'homme et où il tenta de forcer ce dernier à se révolter contre son Créateur. Selon Tertullien, Satan aurait, afin de contrecarrer le projet du Seigneur, plagié dans les mystères païens les sacrements institués par le Christ. L'enseignement patristique reprend donc de manière fidèle la doctrine et les orientations du Nouveau Testament.

UNE PASTORALE À RECONSTRUIRE

«Ceux qui auront cru : en mon Nom ils chasseront les démons...» : cette simple affirmation du Christ, figurant à la fin de l'Évangile de Marc a suffi à engendrer toute une pastorale de la délivrance au début de l'ère chrétienne.

Chaque chrétien était exorciste, cette faculté lui étant conférée par la force du nom de Jésus. Justin, Tertullien et Origène nous ont transmis leurs témoignages à ce sujet. Puis les formules d'exorcisme et les recueils de ces formules commencèrent à se multiplier. Entre-temps, les autorités ecclésiastiques entamèrent une réglementation de l'exorcistat, en confiant les cas d'exorcisme les plus sérieux à des personnes qualifiées, et en multipliant les sacramentaux mis à la disposition de tout le monde pour les cas les moins graves.

Jusqu'à ces derniers temps, cependant, même si les exorcismes les plus graves étaient réservés aux évêques ou aux prêtres spécialement mandatés à cet effet (comme c'est la règle aujourd'hui), chaque diocèse disposait d'un nombre adéquat d'exorcistes. Alors n'existait pas la crise d'incrédulité actuelle quant à l'existence du démon, tout au moins sur le plan pratique, qui fait que les évêques n'abordent pas ce problème aujourd'hui (problème qui devrait faire partie de la pastorale courante de chaque diocèse) et que les prêtres ne sont ni disposés ni préparés à assumer une telle charge. Le Droit Canon impose aux curés d'être à l'écoute des familles et des individus, notamment lorsqu'ils sont dans le malheur, et d'assister les pauvres, les malades, les affligés et tous ceux qui sont en difficulté (can. 529). Il ne fait aucun doute que les victimes du Malin figurent parmi ces personnes en proie à la souffrance et ayant besoin d'aide particulière. Mais qui va les croire ?

Le recours à des magiciens, cartomanciens et sorciers devient alors plus fréquent. Les cas de personnes s'adressant à un exorciste sans avoir reçu auparavant les soins néfastes des personnes énumérées ci-dessus sont rares. Ce que nous dit l'Écriture à propos du roi Ochozias est toujours vrai. Très gravement malade, celui-ci envoya des messagers chez Baal-Zeboub (prince des démons!), dieu d'Eqrôn, pour connaître son avenir. Le prophète Élie alla à la rencontre de ces messagers et leur dit : «N'y a-t-il donc pas de Dieu en Israël, que vous alliez consulter Baal-Zeboub? (2 R 1,1-4). L'Église catholique a renoncé aujourd'hui à cette mission spécifique qui était la sienne, et les gens ne se tournent plus vers Dieu mais vers Satan.

«Quels sont de nos jours les besoins majeurs de l'Eglise? Ne vous étonnez pas de notre réponse qui n'a rien de simpliste ni de superstitieux, et encore moins d'irréel : la défense contre ce mal que nous appelons le démon constitue l'un de ces besoins majeurs» (Paul VI, 15 novembre 1975). La portée des paroles du Saint-Père dépasse indubitablement le domaine restreint des exorcismes, mais on peut

affirmer sans se tromper que, par ces paroles, le Pape s'y réfère également.

La commission chargée de la révision du Rituel ne doit pas seulement examiner les règles initiales et les prières propres à l'exorcisme, mais aussi revoir l'ensemble de la pastorale dans ce domaine. Le Rituel actuel n'envisage que les cas de possession diabolique, qui sont les plus graves et les plus rares. Or les exorcistes s'occupent, dans la pratique, de tous les cas d'intervention satanique, à savoir les cas de vexation diabolique (qui sont beaucoup plus nombreux que les cas de possession), d'obsession, d'infestation de maisons et d'autres cas où leurs prières se sont avérées efficaces. Je dirais que le principe selon lequel la nature ne fait pas des bonds en avant mais progresse lentement (*"natura non facit saltus"*) s'applique en la matière. La différence entre possédés et individus vexés n'est pas très nette. Il en va de même entre la vexation et d'autres maux comme les maux physiques suscep-tibles d'être provoqués par le Malin et les maux spirituels, qui sont des états de péché habituels (surtout dans les cas les plus graves) où le Malin a certainement une part de responsabilité. Je me suis aperçu par exemple que de brèves séances d'exor-cisme ajoutées aux prières destinées aux malades étaient parfois utiles aux victimes lorsque je nour-rissais des soupçons quant à l'origine de leur mal. Ces types d'exorcismes se sont également avérés efficaces, en plus du sacrement de la confession, pour des personnes persistant dans l'accomplissement de certains péchés, comme par exemple les homo-sexuels. Saint Alphonse, docteur de l'Église pour ce qui est de la théologie morale, nous dit en parlant

des confesseurs que le prêtre doit avant tout
pratiquer un exorcisme privé lorsqu'il pense être
confronté à des cas d'infestation démoniaque.

Je ferai cependant remarquer que, conformément
aux règles en vigueur, le travail de l'exorciste se
limite exclusivement aux cas de possession diabolique et que tous les autres cas peuvent être résolus à
l'aide des moyens suivants : prière, sacrements,
sacramentaux, prières de délivrance récitées en
groupe, etc. Mais ce domaine est trop vaste pour
être laissé à la merci des initiatives personnelles sans
aucune disposition précise.

Nous reproduisons, dans l'annexe ci-après, la
lettre que la Congrégation pour la Doctrine de la Foi
adressa aux évêques le 29 septembre 1985. Celle-ci
rappelle essentiellement les dispositions en vigueur
sans résoudre le problème complexe que la Commission nommée à cet effet est censée résoudre. Je ne
sais pas si les évêques se sont souciés ces dernières
années de transmettre à cette commission des suggestions adéquates mais j'en doute fort, étant donné
le climat d'insouciance généralisé dans ce secteur. Je
ne ferai ici que quelques allusions.

L'un des prélats les plus concernés par ce problème est sans aucun doute le Cardinal Suenens car il
s'y trouve confronté en permanence par le biais des
prières de délivrance récitées au sein des groupes du
Renouveau. Il affirme dans un court chapitre de son
ouvrage précédemment cité :

*«La pratique de délivrance du démon exercée sans
mandat et au moyen d'exorcismes directs pose le
problème des limites de compétence qu'il convient
de définir et de préciser. A première vue, la ligne
de démarcation semble claire : les exorcismes sont*

réservés exclusivement à l'évêque ou à son délégué en cas de possession diabolique présumée; les autres cas constituent un domaine libre, non réglementé et donc accessible à tous.»

Mais le Cardinal Suenens sait très bien que les cas de véritable possession sont rares et qu'une étude spécifique et approfondie est nécessaire pour pouvoir les identifier. Il ajoute par conséquent :

«Tout ce qui ne relève pas de la possession diabolique proprement dite constitue un domaine aux frontières mal définies où règne la confusion et l'ambiguïté. La complexité même de la nomenclature ne simplifie pas les choses; il n'existe pas de terminologie commune et des sujets différents sont classés sous la même rubrique» (p. 95).

Le Cardinal donne aussi dans cet ouvrage des conseils pratiques :

«Pour que les choses soient bien claires, il faut, entre autres, fixer une terminologie et faire nettement la distinction entre la prière de délivrance *et l'exorcisme de délivrance en apostrophant directement le démon. L'exorcisme de délivrance est laissé au discernement exclusif de l'évêque dans les cas de possession ; il n'existe pas, toutefois, de ligne de démarcation entre ce type d'exorcismes, et ceux ne s'appliquant pas aux cas de possession»* (p. 119-120).

Je considère, quant à moi, que cette ligne de démarcation existe, compte tenu du fait que l'exorcisme à proprement parler, c'est-à-dire celui réservé à l'évêque ou à l'un de ses délégués, constitue un *sacramental* fondé sur l'intercession de l'Église, et que toutes les autres formes d'exorcisme constituent en fait des *prières privées*, même si elles sont récitées en groupe. Je ne comprends pas pourquoi le Cardinal Suenens n'a jamais parlé de l'exorcisme comme d'un sacramental, le seul digne de porter ce nom d'"exorcisme"; dans un bref chapitre de son ouvrage consacré aux sacramentaux, il en cite quelques-uns mais omet de mentionner l'exorcisme en tant que tel. Le fait de considérer ce dernier comme un sacramental constituerait à mon avis un premier pas vers l'élucidation du problème. Le Cardinal me pardonnera cette remarque.

En ce qui concerne les considérations pratiques, le Cardinal Suenens suggère :

«Je propose de réserver à l'évêque, outre les cas de possession diabolique comme le prévoit l'ancien droit, tout ceux où l'on suspecte une influence spécifiquement démoniaque. Je ferai également remarquer que même si l'exorcistat a disparu en tant qu'ordre mineur, rien n'empêche qu'une conférence épiscopale demande au Vatican de le rétablir» (p. 121-122).

Le Cardinal envisage par ailleurs pour les cas les moins graves, la possibilité de confier l'exorcistat à des laïcs qualifiés.

D'autres propositions figurent dans l'excellent ouvrage, plusieurs fois mentionné, du Père La Grua. Celles-ci pourraient être appliquées immédiatement dans l'attente des décisions venant d'en haut. Il s'agit de solutions pratiques dont la mise en œuvre pourrait faciliter les décisions de la commission chargée de revoir cette partie du Rituel :

«L'évêque devrait, dans chaque diocèse, instituer aux côtés de l'exorciste un groupe de travail *composé de trois ou quatre personnes, dont un médecin et un psychologue. Tous les cas suspects seraient dûment traités par ce groupe et le patient serait ensuite examiné par le médecin, l'exorciste ou le groupe de prière.*

«Le ou les groupes de prière, *selon le nombre de cas à traiter, réuniraient des personnes expérimentées et préparées qui interviendraient dans les cas mineurs, laissant à l'exorciste les cas les plus graves. Le prêtre devrait toujours faire partie de ces groupes.*

«La délivrance serait donc intégrée dans la procédure normale prévue par la pastorale des malades. *Une* thérapie *sérieuse devrait s'articuler autour des points suivants : évangélisation, pratique guidée des sacrements de la Pénitence et de l'Eucharistie, exercices ascétiques et fréquentation de groupes de prière. Il est évident que dans les cas les moins graves, on ne peut pas faire de* conjurations *mais uniquement des* prières, *à moins qu'un prêtre autorisé ne soit présent»* (pp. 113-114).

Il ne s'agit donc pas seulement d'un problème de manque d'exorcistes et de moyens à mettre à leur disposition pour qu'ils puissent exercer correctement leur ministère; d'autres questions doivent en effet être résolues pour que l'exorcisme ne soit plus un domaine fermé affichant l'écriteau "travaux en cours". Pendant que les serviteurs du Seigneur dorment, le démon poursuit son action, comme nous l'enseigne la parabole du bon grain et de l'ivraie.

L'*essentiel* est de confier à nouveau aux évêques et aux prêtres l'étude de ce problème en fonction de la doctrine pure qui nous a été transmise par l'Écriture, la Tradition et le Magistère ainsi que par le Concile Vatican II et l'enseignement des derniers Pontifes.

C'est avant tout dans cet objectif que je me suis décidé à écrire cet ouvrage; j'estimerai avoir rempli ma mission uniquement le jour où un tel objectif sera atteint, sans me laisser impressionner par les éloges de la critique et la diffusion rapide de mon livre.

ANNEXE 4

Un document de la Congrégation pour la Doctrine de la Foi

Il s'agit d'une lettre envoyée à tous les évêques ordinaires pour leur rappeler les règles en vigueur en matière d'exorcisme. Je ne sais vraiment pas pourquoi certains journaux ont parlé de "nouvelles restrictions"; cette lettre ne comporte aucune nouveauté et c'est l'exhortation finale qui est importante. Le point n° 2 de la lettre semble comporter un élément nouveau car il y est rappelé que les fidèles ne peuvent pas utiliser l'exorcisme de Léon XIII, mais il n'y est pas dit que les prêtres doivent demander l'autorisation à leur évêque; on ne sait pas très bien, cependant, si cet élément nouveau émane de la volonté de la Sainte Congrégation. Je considère que l'interprétation exposée au point n° 3 est douteuse. La lettre est datée du 29 septembre 1985. Nous donnons ci-après notre traduction.

«Votre Excellence,

«Depuis quelques années, certains groupes ecclésiaux organisent de plus en plus fréquemment des rencontres de prière destinées à délivrer des individus des influences maléfiques auxquelles ils sont assujettis, même s'il ne s'agit pas à proprement parler d'exorcismes; ces rencontres sont animées par des laïcs en présence d'un prêtre.

«Puisqu'on demande à la Congrégation pour la Doctrine de la Foi de donner son avis en la matière, celle-ci estime nécessaire que tous les évêques ordinaires soient informés de ce qui suit :

«1. Le canon 1172 du Code de Droit Canon établit que nul ne peut légitimement prononcer des exorcismes sur des personnes possédées, à moins d'avoir l'autorisation expresse de l'évêque ordinaire local (1er alinéa); il est également précisé que ce dernier ne doit accorder cette autorisation qu'aux prêtres dotés de qualités de piété et de prudence, jouissant du savoir et menant une vie intègre (2e alinéa). Il est donc vivement conseillé aux évêques de se conformer strictement à ces prescriptions.

«2. D'après ces dernières, il est également interdit aux fidèles d'utiliser la formule de l'exorcisme tirée de celle désormais de droit public, par décision du Souverain Pontife Léon XIII et encore moins le texte intégral de cet exorcisme contre Satan et les anges rebelles. Les évêques doivent, le cas échéant, informer les fidèles de l'existence d'une telle disposition.

«3. Enfin, les évêques sont priés, pour les mêmes raisons, de veiller à ce que même dans le cas où, sans être confronté à une véritable possession diabolique, des personnes non autorisées n'animent pas les réunions au cours desquelles on récite des prières de délivrance et on s'adresse directement aux démons en s'efforçant de découvrir leurs noms.

«Toutefois, ces règles ne doivent nullement décourager les fidèles de prier pour être délivrés du mal, comme Jésus nous l'a appris (Cf. Mt 6, 13). Les prêtres peuvent en outre saisir cette occasion qui leur est offerte pour rappeler ce que la tradition de l'Église nous enseigne à propos de la fonction des sacrements, de l'intercession de la bienheureuse Vierge Marie, des Anges et des Saints, y compris dans le cadre de la lutte spirituelle engagée par les chrétiens contre les esprits malins.»

Cette lettre est signée par le Préfet de la Congrégation, le Cardinal Ratzinger, et par le Secrétaire de la Congrégation, Mgr Bovone.

Il est dangereux, pour les personnes incompétentes, de s'attaquer au démon

La lettre susmentionnée met en garde ceux qui n'en ont pas la faculté contre le fait de s'adresser directement au démon et de vouloir connaître son nom. Cette règle s'adresse également aux personnes souhaitant accomplir des actes ne relevant pas de leur compétence.

Nous rapportons à ce propos un savoureux épisode des Actes des Apôtres (19,11-20) :

«Et Dieu faisait des miracles extraordinaires par les mains de Paul, au point qu'on appliquait sur les malades des mouchoirs et des ceintures qui avaient touché son corps, et les maladies les quittaient, et les esprits mauvais étaient chassés. Quelques-uns des exorcistes juifs qui couraient le pays essayèrent aussi d'invoquer le Nom du Seigneur Jésus sur ceux qui avaient des esprits malins, en disant : "Je vous adjure par Jésus que Paul prêche." Or, ils étaient sept fils de Scéva, grand-prêtre juif, qui se livraient à cette pratique. L'esprit malin leur répondit : "Je connais Jésus et je sais qui est Paul; mais vous, qui êtes-vous?" Et l'homme qui était possédé de l'esprit malin se jeta sur eux, s'en rendit maître et les maltraita si fort, qu'ils s'enfuirent de cette maison nus et blessés. Ce fait étant venu à la connaissance de tous les Juifs et de tous les Grecs qui demeuraient à Éphèse, la crainte tomba sur eux tous, et le Nom du Seigneur Jésus fut glorifié. Un grand nombre de ceux qui avaient cru venaient confesser et déclarer leurs actions. Et parmi ceux qui s'étaient adonnés aux pratiques superstitieuses, beaucoup apportèrent leurs livres et les brûlèrent devant tout le peuple – en estimant la valeur de ces livres, on trouva cinquante mille pièces d'argent – tant la parole du Seigneur s'étendit avec force et se montrait puissante!»

On remarquera, en plus de la malchance des sept frères, la manière dont les gens se convertissaient, abandonnant la magie (culte de Satan) pour embrasser la parole du Seigneur (culte de Dieu).

Le Père Candido, mandaté par l'Église pour exercer le ministère d'exorciste, fut confronté à une situation bien différente. Un jour qu'il était en train d'exorciser, en présence d'un psychiatre, une femme un peu forte qui se mettait facilement en colère, celle-ci se leva tout d'un coup de sa chaise, tourna sur elle même, comme le font les discoboles lorsqu'ils s'apprêtent à lancer leur disque, et décocha de toutes ses forces un coup de poing qui atteignit l'exorciste à la tempe droite. Le bruit fut tel qu'il retentit dans toute la sacristie; le médecin accourut, complètement affolé. Le Père Candido poursuivit cependant son exorcisme avec son sourire habituel, comme si de rien n'était. A la fin de la séance il nous dit qu'il avait ressenti comme la caresse d'un gant de velours sur sa tempe. Il avait manifestement été protégé par le Ciel et, je n'hésite pas à dire, de manière extraordinaire.

CONCLUSION

Me voici à la fin de mon livre et il me semble ne pas avoir écrit tout ce que j'aurais pu dire; j'ai exposé, à travers cet ouvrage pratique, les fruits de mon expérience directe, ce que jamais aucun auteur n'a fait jusqu'à présent dans ce domaine. J'espère avoir rendu service à tous ceux qui s'intéressent à l'exorcisme; je me suis surtout référé aux prêtres qui devraient tous avoir un minimum de connaissances pour pouvoir juger, dans des cas concrets, si les personnes ont besoin d'un exorciste à cause d'une présumée présence maléfique ou si, au contraire, une telle démarche est inutile. J'insiste sur ce point qui, à mon avis, est très important.

En ce qui concerne mon expérience personnelle, je dois remercier le Cardinal Poletti qui m'a pris au dépourvu en me confiant cette mission que j'ai acceptée les yeux fermés. Je considère maintenant cette faculté qui m'a été accordée, sans aucun mérite de ma part, comme un achèvement de mon sacerdoce : j'accomplis, le cas échéant, des exorcismes de la même façon que je célèbre la messe, que je prêche ou que je confesse. J'ai la chance de pouvoir aider de nombreuses personnes en difficulté qui ne demandent parfois qu'une parole de réconfort. Je ne me sentirais pas prêtre à part entière si je n'avais pas cette faculté qui, tout en étant exceptionnelle, comparée aux autres formes du ministère sacerdotal, fait partie de la pastorale ecclésiastique habituelle ou du moins le devrait.

Je peux également dire que j'en ai tiré beaucoup de profit du point de vue spirituel et de la foi parce que je suis entré en contact avec le monde invisible; cette faculté a également contribué à enrichir ma vie de prière et à développer mon sentiment d'humilité car nous constatons en permanence notre totale impuissance face à ces maux; bien que nous nous efforcions de prier le plus possible avec foi, nous ne sommes que des "serviteurs inutiles", et je n'exagère vraiment pas en disant que si le Seigneur n'intervient pas pour tout faire, les résultats de nos efforts et de notre savoir-faire acquis par l'expérience sont nuls. Saint Paul dit à ce propos : «Dieu a fait croître» (1 Co 3,6).

Je souhaiterais également démentir une croyance répandue de manière injustifiée au sein d'une grande partie du clergé, et selon laquelle le démon se vengerait des exorcistes. Mon maître, le Père Candido, qui exerce cette fonction à plein temps depuis trente-six ans, souffre de divers troubles de santé dus pour la plupart à son âge et non pas à l'action du démon. Le Père bénédictin Pellegrino Ernetti, de Venise, fait des exorcismes depuis trente-trois ans sans que sa santé s'en soit jamais ressentie. J'insiste sur le fait que le démon nous cause déjà tout le mal dont il est capable, et je souhaiterais que l'on me croie. Il est faux de penser que si on le laisse tranquille, il fera de même. Cette hypothèse est non seulement erronée mais va à l'encontre de notre mission sacerdotale qui a pour but de conduire les âmes vers Dieu en empêchant celles-ci, si besoin est, de tomber sous l'emprise de Satan au moyen tout d'abord de l'évangélisation qui est sans aucun doute capitale, puis des sacrements et enfin des sacramentaux parmi lesquels figure l'exorcisme. Un prêtre qui redoute les représailles du démon est comme un berger qui a peur du loup. Une telle crainte est donc totalement injustifiée.

Il serait stupide de surestimer certaines vengeances du Diable visant à décourager les exorcistes. Il s'agit de quelques rares cas dont voici un exemple. Un jour le Père Candido était en train d'exorciser un jeune homme quand, tout d'un coup, les vêtements de ce dernier prirent feu. Un prêtre vint alors au secours de l'exorciste. La victime en sortit indemne, mise à part une légère brûlure à l'épaule. Sa mère signala aux prêtres que même le maillot de corps de son fils avait brûlé. Une odeur âcre de soufre se dégagea de la brûlure et le démon s'adressa au prêtre qui était venu aider le Père Candido en lui promettant qu'il payerait cher une telle initiative.

Quelques jours après l'incident, le prêtre en question quitta Naples pour regagner Rome en voiture. Tout d'un coup, sur la route, il fut ébloui par des lumières dont il ignorait la provenance. Il décida donc de s'arrêter à une station de service mais la voiture prit feu alors qu'il était presque arrivé. Le prêtre eut juste le temps de s'arrêter, de retirer les clés et de s'éloigner. Quelques automobilistes accoururent et s'écrièrent : «Il y a quelqu'un dedans! On voit quelqu'un!». Le prêtre essaya en vain de les convaincre qu'il n'y avait personne d'autre avec lui. Tout d'un coup, la voiture démarra toute seule et avança lentement comme une boule de feu vers les pompes à essence. Une odeur âcre de soufre se répandit simultanément alentour. Le prêtre reconnut cette odeur, car c'était la même que celle qui s'était dégagée lors de l'exorcisme, et il se mit à prier. La voiture s'arrêta immédiatement et continua de brûler, jusqu'à ce qu'elle fût totalement détruite.

J'ai raconté cet épisode par souci d'exactitude, mais ce serait une erreur d'en exagérer la portée. Il s'agit d'un cas exceptionnel. Tous les prêtres savent parfaitement que, même s'ils ne sont pas exorcistes, ils s'exposent par leur ministère sacerdotal à des risques et à des ennuis. Saint Pierre disait : «Dans la mesure où vous avez part aux souffrances du Christ, réjouissez-vous, afin que, lorsque sa gloire sera manifestée, vous soyez aussi dans la joie et l'allégresse» (1 P 4,13). Le salut des âmes mérite bien quelques sacrifices.

Le prêtre doit croire en son sacerdoce et aux pouvoirs que le Seigneur lui a confiés. Il doit suivre l'exemple donné par les apôtres et tous les saints prêtres. Jean XXIII rappela, au début de son pontificat, l'histoire du Curé d'Ars qui avait souffert par la volonté du démon, car il délivrait les âmes tombées sous l'emprise de Satan. Il n'avait pourtant pas le titre d'exorciste et n'exerçait pas ce type de fonction. C'est le Seigneur qui commande et nous donne la force de surmonter les épreuves qu'il nous inflige. Gare à nous, cependant, si par lâcheté nous nous dérobons et oublions d'accomplir notre devoir.

Nous avons le don de l'Esprit, l'Eucharistie, la Parole de Dieu, la force du Nom de Jésus, la protection de la Vierge, l'intercession des Anges et des Saints... Pourquoi, donc, aurions-nous peur d'un vaincu?

Je prie la Vierge Immaculée, ennemie de Satan et sortie victorieuse du combat engagé contre ce dernier dès la première annonce de la rédemption, de nous illuminer, de nous protéger, de nous éclairer dans notre lutte terrestre jusqu'à l'obtention de la récompense éternelle. Je lui adresse en particulier mes prières pour que l'ensemble de l'épiscopat catholique, qui a l'*obligation* de s'occuper de tous ceux qui souffrent à cause du démon, se conforme par son action aux lois et à la tradition de l'Église. Vierge Immaculée! Il est satisfaisant de conclure en pensant à celle dont l'inimitié à l'égard du démon a été voulue par Dieu lui-même : «Je mettrai une inimitié entre toi et la femme» (Gn, 3,15). Elle est *immaculée* car elle n'a pas été atteinte par la faute originelle ni n'a commis de fautes personnelles, c'est-à-dire qu'elle n'a jamais cédé à Satan. Elle est *éternellement vierge* parce qu'elle a toujours appartenu à Dieu, y compris par son corps d'où le Verbe a tiré son propre corps. Pensons à la valeur que revêt l'Incarnation aux yeux du démon : ce dernier qui n'a pas de corps car il n'est qu'esprit et qui voulait demeurer au centre de toutes les choses créées, s'aperçoit que c'est en revanche le Christ, vrai Dieu et vrai homme, qui est au centre de la Création et que l'Incarnation marque le début de sa défaite. C'est pourquoi il cherche par tous les moyens à conduire le corps humain vers le péché, à l'humilier, à le souiller, en se vengeant ainsi, avec rage, de l'Incarnation du Verbe qui, en sacrifiant son corps pour nous, nous a délivrés. D'où l'importance du dogme marial de Marie éternellement vierge s'opposant à Satan et servant d'instrument aux desseins de Dieu.

244 Un exorciste raconte

Marie a choisi d'être la servante du Seigneur et est devenue la *Mère de Dieu* en instaurant un lien d'intimité tout à fait unique avec la Très Sainte Trinité. Quelle différence avec Satan qui s'est détaché de Dieu en devenant ainsi la créature la plus éloignée de Lui. La conclusion glorieuse du plan de Dieu qui nous a créés pour que nous soyons éternellement heureux en sa présence, nous révèle que Marie est *montée au Ciel* et que Satan a complètement échoué en tombant de la joie céleste dans le supplice éternel.

Marie *notre Mère, Mère de l'Église, Médiatrice universelle de la grâce*, nous montre par son dynamisme constant l'œuvre de la Vierge à qui le Christ a souhaité s'associer pour sanctifier les âmes. Elle nous révèle son opposition radicale à l'ensemble de l'œuvre de Satan tendant à faire obstacle aux projets de Dieu pour les hommes, une œuvre par laquelle il nous poursuit, nous tente à tout moment et, non content d'être à la source du mal, du péché, de la douleur et de la mort, cherche enfin à nous entraîner vers la damnation éternelle.

Mon livre s'achève sur ces pensées à peine esquissées. Après avoir déjà écrit quatre livres sur la Sainte Vierge, je ne voudrais pas entamer le cinquième, maintenant qu'il est temps de conclure. L'écrivain Manzoni nous avertit, avec son bon sens, qu'un seul livre à la fois suffit, quand ce n'est pas déjà trop.

TABLE DES MATIÈRES

Préface de René LAURENTIN   5
Présentation du Père Candido AMANTINI   13

Introduction   19
La centralité du Christ   25
Le pouvoir de Satan   31

Annexe 1 :   47
• La vision diabolique de Léon XIII   47
• Les dons de Satan   51

Les exorcismes   55
Les victimes du Malin   67

Annexe 2 :   81
• La peur du Diable? Réponse de sainte Thérèse
  d'Avila   81

Le point de départ   85
Les premières "bénédictions"   99
Comment se comporte le démon   115
Le témoignage d'une victime   127
Les effets de l'exorcisme   139
Eau, huile, sel   147
Exorciser les maisons   153
Le maléfice   159
Quelques informations supplémentaires sur la magie   177
Qui peut chasser les démons?   189

La cendrillon du Rituel   203

Annexe 3 :   215
  • La pensée de saint Irénée   215
  • Un document du Vatican concernant
    la démonologie   220

Une pastorale à reconstruire   225

Annexe 4 :   233
  • Un document de la Congrégation pour
    la Doctrine de la Foi   233
  • Il est dangereux, pour les personnes incompé-
    tentes, s'attaquer au démon   236

Conclusion   239

ACHEVÉ D'IMPRIMER
SUR LES PRESSES SPÉCIALES
DE L'AGENCE CONSEIL ÉDITION
ET D'OFFSET CINQ ÉDITION
POUR LE COMPTE DE L'O.E.I.L.
N° D'IMPRIMERIE : 3606
DÉPOT LÉGAL : 3ᵉ TRIMESTRE 93